KRISHNAMURTI ESENCIAL

editorial Kairós

Título del original inglés: THE POCKET KRISHNAMURTI

Numancia, 117-121 08029 Barcelona, España
www.editorialkairos.com

Compilador de los textos: Ray McCoy
Traducción: FKL
Revisión: Juan Carlos Melero

La presente edición en lengua española ha sido contratada –con la licencia de la Krishnamurti Foundation of America (KFA) www.kfa.org, e-mail: kfa@kfa.org y la Krishnamurti Foundation Trust Ltd (KFT) www.kfoundation.org, e-mail: kft@brockwood.org.uk– con la Fundación Krishnamurti Latinoamericana (FKL), www.fkla.org, e-mail: fkl@fkla.org.

Primera edición: Septiembre 2010
Segunda edición: Junio 2012

ISBN: 978-84-7245-758-4

Fotocomposición: Pacmer, S.A. Barcelona
Impreso en la Argentina

Este libro se terminó de imprimir en el mes de junio de 2012,
en **Buenos Aires Print**, Sarmiento 459, Lanús (1824), Buenos Aires, Argentina,
Tel: (54 11) 4225-6553

Encuadernado en **Cooperativa de Trabajo La Nueva Unión Ltda.**,
Patagones 2746, CABA, Argentina – (54 11) 4911-1586 – cooplanuevaunion@yahoo.com.ar
(Empresa recuperada y autogestionada por sus trabajadores)

Las tapas fueron laminadas en **Cooperatia gráfica 22 de mayo (ex Lacabril)**,
Av. Bernardino Rivadavia 700, Avellaneda, Bs. As., Argentina – (54 11) 4208-1150 – lanuevalacabril@gmail.com
(Empresa recuperada y autogestionada por sus trabajadores)

SUMARIO

INTRODUCCIÓN

EL ARTE DE VIVIR

¿No hay veces que sentimos que desperdiciamos nuestras vidas, que no tienen ningún sentido, que están llenas de conflicto y confusión, tanto en lo interno como en lo externo? En esta selección de textos, la mayoría de ellos nunca antes publicados, de charlas en California, la India, Inglaterra y Suiza, Krishnamurti investiga estos sentimientos profundos y plantea una manera de vivir la vida diaria diferente por completo de como normalmente la vivimos, donde no haya ningún control, ningún conflicto y, aun así, sin necesidad de amoldarnos. Nos cuenta que la vida puede tener una inmensa belleza y significado, si observamos con mucha claridad lo que realmente está sucediendo en nuestras acciones y reacciones, en nuestras relaciones, porque los seres humanos tenemos enormes capacidades, pero sólo nos limitamos a resolver problemas y eso niega la libertad. Cuando reconocemos que estamos condicionados, dice Krishnamurti, rechazamos cualquier autoridad psicológica y, entonces, observamos y actuamos con gran claridad; con esa observación libre de palabras y pensamientos podemos ver que la libertad, el amor, la belleza y la bondad son una sola cosa, no hay ninguna separación.

Krishnamurti habla de un arte de vivir la vida en el cual no hay conflicto de ninguna clase y, por tanto, uno está totalmente libre del miedo, incluso del miedo a la muerte. Podemos comprender la raíz del miedo y las causas del sufrimiento si observamos nuestro condicionamiento, de esa forma veremos que el pensamiento es un proceso en el tiempo y de la memoria que nos impide tener una percepción directa. Comprender lo que nos impide tener orden en nuestra consciencia, y por tanto en nuestras vidas, depende del arte de escuchar, de ver y de aprender. Krishnamurti expone cada uno de estos temas con palabras muy simples, llenas del frescor de la verdad.

Krishnamurti plantea estas charlas en forma de conversación entre nosotros y él, con una cualidad de meditación en la cual podemos tener una vislumbre de ese vacío sin tiempo que, quizá, es sagrado, que tiene un significado más allá de las palabras.

RAY MCCOY
Compilador

1. LA VIDA ES LO QUE ESTÁ SUCEDIENDO EN ESTE INSTANTE

El arte más grande es el arte de vivir, más grande que todas las cosas que los seres humanos han creado con la mano o con la mente, más grande que todas las Escrituras con sus respectivos dioses, y tan sólo a través de este arte de vivir puede establecerse una nueva cultura, pero ese arte de vivir únicamente puede surgir cuando hay libertad total.

Esa libertad no es un ideal, no es algo que suceda ocasionalmente; en la libertad, el primer paso es el último, lo que cuenta es ese primer paso no el último, lo que haga ahora es mucho más importante que cualquier cosa que haga en alguna fecha futura. La vida es lo que está sucediendo en este instante, no en algún momento imaginario ni en algo que el pensamiento ha concebido, por eso el primer paso que dé ahora es lo importante, porque si el primer paso está dado en la buena dirección se abre ante uno la totalidad de la vida. La buena dirección no es en pos de un ideal o hacia un fin predeterminado, esa buena dirección es inseparable de lo que está sucediendo en ese instante; no se trata de una filosofía con una serie de teorías, es exactamente lo que la palabra "filosofía" significa, el amor a la verdad, el amor a la vida, no algo que uno aprende en la universidad, sino que aprendemos el arte de vivir en nuestra vida cotidiana.

Como la vida es tan compleja, siempre resulta difícil y confuso elegir un solo aspecto y decir que es el más importante, porque el mismo elegir, el diferenciar categorías, conduce a más confusión: si uno dice que algo es lo más importante, entonces relega a un segundo plano todas las demás facetas de la vida. O tomamos todo el movimiento de la vida como uno solo, lo cual resulta muy difícil para la mayoría de las personas, o bien tomamos un aspecto fundamental en el cual estén incluidos todos los demás. Vamos a investigarlo despacio y con cuidado.

Estamos explorando juntos una faceta de la vida, y si la comprendemos, podremos abarcar todo el campo de la vida. Para investigar debemos estar libres de nuestros prejuicios, de nuestras experiencias personales y conclusiones predeterminadas, como los buenos científicos debemos poseer una mente que no esté ensombrecida por conocimientos previamente acumulados, debemos abordarlo como si fuera la primera vez y sin reaccionar ante lo que estamos observando, lo cual es absolutamente necesario, de lo contrario, la investigación estará coloreada con nuestros temores, esperanzas y placeres; la misma urgencia y la intensidad de investigar liberan a la mente de esa coloración.

Una de las cosas más importantes es el arte de vivir, por tanto, ¿existe una forma de vivir la vida diaria que sea por completo diferente de lo que normalmente es ahora? ¿Existe una forma de vivir sin control, sin ningún conflicto, conformidad o disciplina? Tan sólo puedo descubrirlo cuando toda la mente afronta lo que está sucediendo exactamente ahora, eso quiere decir que sólo puedo descubrir qué significa vivir sin conflicto si observo lo que está sucediendo "ahora".

Esta observación no es una cuestión intelectual o emocional, sino la percepción intensa, aguda y clara, en la cual no hay dualidad, no hay resistencia ni contradicción en relación con lo que está sucediendo. La dualidad tan sólo surge cuando nos evadimos de "lo que es", y esa evasión crea el opuesto, por tanto, aparece el conflicto, pero lo único que existe es la realidad y nada más.

Las asociaciones y las reacciones como consecuencia de lo que sucede son el condicionamiento de la mente, y este condicionamiento impide observar lo que ahora está sucediendo porque el tiempo no está implicado en ese suceso de ahora. El tiempo es la evolución de nuestro condicionamiento, es la herencia de la humanidad, una carga que no tiene principio, pero cuando observamos lo que está sucediendo de forma apasionada, eso que observamos se disuelve en la nada; si observamos el enojo en el momento en que surge, nos mostrará toda la estructura, toda la naturaleza de la violencia, y esa percepción instantánea elimina por completo la violencia.

Detrás del enojo hay mucho trasfondo, no es un simple suceso aislado, tiene muchas asociaciones, y estas asociaciones con sus emociones impiden observar directamente. El contenido del enojo es el mismo enojo, el enojo es su contenido, no son dos cosas separadas, el contenido es el condicionamiento, y cuando existe una observación apasionada de lo que en realidad está sucediendo, o sea, de las actividades del condicionamiento, la naturaleza y la estructura del condicionamiento se disuelven.

De hecho es muy simple, tan simple que uno pierde su simplicidad y, en consecuencia, su sutileza. Estamos diciendo que cualquier cosa que suceda mientras estemos paseando, hablando, meditando o lo que sea, debemos observarla y, aunque la mente divaga, el mismo observar termina con el parloteo, de manera que no hay distracción en ningún momento.

En ese arte de vivir los recuerdos no tienen cabida, la relación es el arte de vivir, y si hay recuerdos en la relación eso no es relación. La relación es entre seres humanos y no entre el contenido de sus recuerdos, porque los recuerdos son los que dividen y, por consiguiente, hay disputas, conflicto entre "usted" y "yo", por eso el pensamiento, que en sí mismo es recuerdos, no tiene ningún lugar en la relación, este es el arte de vivir.

El arte de vivir sólo es posible cuando el pensamiento no contamina el amor.

Aprender es vivir – Cartas a las escuelas
Capítulos 23 y 24, 1 y 15 de agosto de 1979

2. ¿QUÉ QUEREMOS?

Me pregunto si han considerado cómo malgastamos nuestras vidas, cómo disipamos nuestras energías, cómo intelectualmente somos gente de segunda mano, sólo conocemos la rutina, el aburrimiento, la soledad, el sufrimiento, tanto físico como psicológico. Por desgracia, tal como vivimos ahora nuestra vida no tiene ningún sentido, excepto ganarnos el sustento, lo cual es, por supuesto, necesario, pero aparte de esto, toda nuestra vida está fragmentada, dividida, y una mente dividida, fragmentada, es una mente "corrupta".

¿Qué es lo que queremos, qué es lo que queremos lograr, qué queremos llegar a ser? Para la mayoría de nosotros la vida es esfuerzo, es lucha, en la sociedad actual tener éxito es hacer dinero, buscamos poder, posición, prestigio, o vivimos una vida vacía, burguesa, estrecha y superficial, con toda clase de opiniones, de juicios y de creencias. Todo esto parece malgastar enormemente la vida, nunca somos felices, excepto cuando perseguimos el placer, cuando experimentamos cierta sensación de disfrute, de gratificación, de satisfacción.

Sin embargo, si examinan con detenimiento el contenido interno, dejando a un lado lo que han aprendido de los libros y las respuestas según el país en el cual viven, ¿se dan cuenta de que no hay absolutamente nada, excepto lo que cada uno ha puesto en su interior? Lo que han introducido en su interior es un producto del pensamiento, pero este no puede generar ninguna acción completa del ser humano, sólo puede actuar de forma parcial y fragmentaria.

Al darnos cuenta de que nuestra vida tal como la vivimos es vacía, bastante superficial y triste, nos escapamos buscando diferentes placeres, tanto los placeres religiosos como los llamados placeres mundanos, buscamos hacer dinero, disfrutar más y de mayores placeres, comprar más cosas, manteniendo así la llamada sociedad de consumo, para finalmente terminar en la tumba. Esa es nuestra vida, no hay nada sagrado, no hay nada que realmente sea religioso.

La vida es mucho más seria, y tan sólo aquellos que de verdad sean profundamente serios "vivirán", aquellos que no busquen entretenimiento en los gurús, en los sacerdotes, o en los filósofos intelectuales que convierten nuestras vidas en palabras sin sustancia, en descripciones sin ningún contenido.

De modo que uno se pregunta, ¿cuál es el lugar del pensamiento en la vida? Toda nuestra civilización y nuestra cultura se basa en el pensamiento, las religiones son un producto del pensamiento, la forma de comportarnos, nuestra actitud, el mundo de los negocios, la relación, la acumulación de armas, el ejército, la marina, las fuerzas aéreas, todo se basa en el pensamiento. Tanto si el pensamiento es razonable como si es irreflexivo, lógico o ilógico, sensato o neurótico, nuestras acciones surgen de ideas e ideales creados por el pensamiento; por desgracia todos somos terriblemente idealistas, pero un ideal no es "lo que es", un ideal es algo creado por el pensamiento como una manera de superar "lo que es", por consiguiente, hay una división entre el ideal y "lo que es", por eso surge el conflicto.

Espero que no estén escuchando sólo una serie de palabras, sino que estén observando de verdad todo el movimiento de sus propias mentes, de manera que establezcan una relación, una comunicación, en la cual comprendan lo que estamos hablando, no para estar de acuerdo o en desacuerdo, sino tan sólo para observar la realidad.

Uno debe investigar lo que es el pensamiento, lo que es el pensar. Como saben, una de las cosas más extraordinarias de toda Asia es que consideran el pensamiento como una mujer estéril, dicen que el pensamiento es medida y que no puede hallar lo inconmensurable, eso que está más allá del tiempo y de la medida, de modo que uno debe intentar suprimirlo, mientras que toda la civilización de Occidente, su cultura, se fundamenta en el pensamiento, siendo el pensamiento medida.

Como dije, este es un tema muy serio y requiere una

gran sutileza de la mente para investigarlo. Espero que estén dispuestos a investigarlo para que la mente se libere de la medida, de tal modo que pueda conocer un espacio y un silencio inmensos, que no son medibles ni son creados por el pensamiento.

Siguiendo con lo que hablábamos, la cultura de la civilización occidental se fundamenta en el pensamiento, en la medida, y de esa medida surge todo el mundo de la tecnología, del arte de la guerra en este mundo, la religión es un asunto de creencias, de aceptar, de propaganda, de salvadores, etc. En Oriente utilizan el pensamiento para ir más allá del propio pensamiento, mientras que en Occidente han aceptado la medida, el progreso, y su forma de vida se basa en la tecnología, en lograr más y más disfrute, obtener gran placer en las posesiones, que incluyen la literatura y la poesía.

Un hombre serio debe preguntarse, ¿qué lugar ocupa el pensamiento en la vida, cuál es su función, no importa que sea sensato, lógico y razonable, o corrompa la vida dando importancia a las "cosas", a la propiedad, al dinero, al placer, a toda esa información que el pensamiento ha acumulado, tanto interna como externamente? ¿Cuál es el lugar del pensamiento y cuál es su relación con la acción? Debido a que la vida es acción, la relación es el movimiento de la acción, ahora bien: ¿existe una acción en la vida que no esté limitada por el tiempo, por el pensamiento y por la medida?

Vivir es actuar, cualquier cosa que hagamos es acción, acción que está atada al pasado y a través del presente se expresa en el futuro, por consiguiente, es una acción fragmentada, y una acción fragmentada es una acción corrupta.

Así pues, ¿qué es acción y cuál es su relación con el pensamiento? El pensamiento es la respuesta de la memoria como conocimiento y experiencia almacenados en el cerebro, no hace falta leer libros de ciencia y neurología, uno puede observarlo en sí mismo, si está seriamente interesado. Sin memoria uno no puede actuar, no puede recordar las palabras, estaría en un estado de amnesia, de completa confusión; por el pensamiento responde ante cualquier reto según su condicionamiento, si somos cristianos, hindús, budistas, comunistas o capitalistas, nuestra mente está condicionada según ese trasfondo y actuamos de acuerdo con ese condicionamiento, que es recuerdos, experiencias, conocimientos de esa cultura o de esa sociedad determinada en la que vivimos, lo cual es bastante obvio, ¿no es cierto? En consecuencia, la acción del pensamiento divide, fragmenta y genera conflicto.

Debemos comprender esto porque estamos intentando encontrar una forma de vivir en la cual no haya ninguna clase de conflicto, una forma de vivir donde no haya ningún sufrimiento, una forma de vivir que sea total, completa, íntegra, armoniosa, sensata, y el pensamiento puede ser uno de los factores que genera fragmentación, por tanto corrupción. De manera que uno debe descubrir cuál es la función del pensamiento y qué lugar ocupa en la relación humana.

Resulta bastante claro que el pensamiento es necesario en el campo tecnológico, porque en ese campo el pensamiento puede funcionar con lógica, con sensatez, con objetividad, con eficacia, pero esa eficacia, esa sensatez y esa objetividad se corrompen cuando el pensamiento busca tener estatus a través de la tecnología. Si la mente busca estatus a través de la actividad tecnológica, es inevitable que genere conflicto y, por consiguiente, corrupción, lo cual es obvio. Sin embargo, el condicionamiento es tan fuerte que buscamos tener estatus a pesar de la lógica, de la sensatez o el pensamiento razonable, perseguimos este estatus, y en consecuencia el conflicto y la corrupción siguen. La corrupción no es tan sólo quitarle el dinero a otro o hacer cosas feas, la causa profunda de la corrupción es cuando el pensamiento divide la acción en fragmentos, ya sea una acción intelectual, emocional, física o ideológica.

Así pues, ¿existe en la relación humana una acción que no esté fragmentada y sea completa? ¿Existe una acción que no esté controlada por el pensamiento, por la medida o por el pasado? Una acción también es cuando decimos una palabra, cuando hacemos un gesto de desprecio o de cortesía, o bien cuando vamos de un lugar a otro. Actuamos siguiendo una determinada fórmula, opinión, idea, ideal, o actuamos basándonos en cierta creencia neurótica o racional, siempre actuamos basándonos en un modelo del pasado o según alguna abstracción futura.

Lo más importante en la vida es la relación, la forma de actuar, de comportarnos; la virtud y la sociedad surgen de la relación. El pensamiento, al ser medida, conformidad, siempre actúa según cierta conclusión particular, según el conocimiento que es el pasado, por tanto, ¿qué lugar tiene el pensamiento en la relación humana o no tiene ningún lugar? Si el pensamiento ocupa un lugar en la relación humana, entonces limita y controla la relación, y en consecuencia será una relación fragmentada y conflictiva.

Nuestra vida se apoya en dos principios básicos: el placer y el miedo; por favor, pueden verlo en sí mismos. El placer se ha convertido en algo tremendamente importante en la vida, el placer que se expresa de diferentes maneras: el placer sexual, el placer intelectual, el placer de poseer, el placer del dinero, el placer del poder, del prestigio, el placer de la vanidad, el placer que se deriva del "yo", del ego, de reafirmarse uno mismo a través de dominar, etc., o el placer de aceptar la tiranía como medio de lograr algo, el placer que se expresa en la relación en forma de dependencia, en esa relación uno depende psicológicamente del otro, pero donde hay dependencia hay miedo de perder y, por tanto, un gran apego. Es obvio que buscamos el placer sexual, curiosamente, el placer sexual se ha convertido en una de las cosas más importantes en la vida, buscamos el placer de la dependencia, depender psicológicamente de otro, porque uno tiene miedo de permanecer solo, de sentirse solo, abandonado, sin amor y sin ser amado, etc., por eso buscamos el placer y evitamos constantemente el miedo. El pensamiento alimenta a ambos, al pensar en el placer que tuve ayer espero repetirlo de nuevo mañana, pero si no puedo repetir ese placer me siento violento, ansioso, tengo miedo; pueden observarlo en sí mismos.

Así que tenemos toda esa cuestión del miedo, y una vida que se vive con miedo es una vida en las tinieblas, una vida horrible. La mayoría de nosotros tenemos diferentes miedos, ¿puede la mente estar por completo libre del miedo? Nadie quiere liberarse del placer, pero todos queremos liberarnos del miedo porque no vemos que ambos van juntos, son las dos caras de la misma moneda que el pensamiento alimenta, por eso es tan importante comprender el pensamiento. Como saben existen diferentes clases de miedos, miedo a la muerte, a la vida, a la oscuridad, al vecino, a nosotros mismos, a perder el empleo, y todos los miedos inconscientes que se esconden en las profundas interioridades de la propia mente; y al sentirnos inseguros buscamos seguridad, pero ¿es posible que la mente esté por completo libre del miedo, de manera que al estar libre disfrute de la vida, no para perseguir el placer sino para gozar de la vida? Mientras haya miedo no es posible gozar de la vida.

Ahora bien, ¿eliminará el análisis el miedo o el análisis paraliza la mente e impide que esté libre del miedo? Observe las implicaciones que hay, porque estamos acostumbrados a analizar, es uno de nuestros entretenimientos intelectuales; sin embargo, en el análisis siempre hay un analizador, un analizador que puede ser un profesional o uno mismo, por eso en el análisis hay una permanente división entre el analizador y la cosa analizada, hay un conflicto. Por otro lado, en el análisis se necesita tiempo, puede ser un solo día o un año, con lo cual uno aprovecha la oportunidad para posponer la acción, uno puede analizar indefinidamente el problema de la violencia, buscar las raíces, escuchar las explicaciones que dan los diferentes profesionales acerca de cuáles son los motivos de la violencia, leer numerosos libros sobre las razones de la violencia y analizarlas, todo esto lleva tiempo y, mientras, uno puede seguir disfrutando de su violencia. Así pues, analizar significa dividir y posponer la acción; por tanto, el análisis genera más conflicto, no menos, porque el análisis implica tiempo.

Una mente que se da cuenta de esa verdad se libera del análisis, por consiguiente es capaz de afrontar directamente la violencia, siendo la violencia "lo que es". Si uno observa totalmente y sin analizar la violencia en uno mismo, esa violencia que surge del miedo, de la inseguridad, de sentirse solo, de la dependencia, de reprimir los placeres, etc., en ese momento tendrá toda la energía que estaba disipando a través del análisis para ir más allá de "lo que es".

Si lo hace, ¿podemos, entonces, ver todas las raíces

profundas del miedo que nos ha inculcado la sociedad en la cual vivimos, heredadas del pasado, de manera que la mente se libere por completo de esa terrible cosa a la que llamamos miedo? ¿Puede la mente observar la totalidad del miedo o sólo puede ver algunas ramificaciones y no la verdadera raíz del miedo, su verdadera causa? ¿Puede la mente observar, ver, darse cuenta, prestar toda su atención al miedo, tanto si el miedo está oculto, escondido en las interioridades más profundas de la propia mente de cada uno, como si se tratara de los miedos externos que se expresan en nuestra vida cotidiana, miedo a que hoy o mañana regrese de nuevo ese dolor que tuve ayer? Hay varias formas de miedo, el miedo a perder el empleo, el miedo de sentirse inseguro, tanto en lo externo como en lo interno, y el miedo final a la muerte. ¿Podemos ir podando cada una de sus ramas, o es posible afrontar la totalidad del miedo, y es capaz la mente de observar la totalidad del miedo?

Estamos acostumbrados a resolver el miedo en fragmentos: si tengo miedo a esto o a aquello, a perder el empleo, el miedo a mi esposa o a mi esposo, sólo me intereso por ese fragmento y no por la totalidad del miedo; sin embargo, si quiero observar la totalidad del miedo, debo prestarle toda mi atención cuando surge.

Como saben, miramos el enojo, los celos, la envidia, el miedo o el placer, como un observador que quiere liberarse de eso, siempre hay un observador, alguien que mira, un pensador, por eso observamos el miedo como si estuviéramos mirándolo como algo separado; ahora bien, ¿podemos mirar el miedo sin un observador? Porque el observador es el pasado, es el que reconoce esa reacción a la que llamamos "miedo" en términos del pasado y dice que es miedo, ese observador siempre mira el presente desde el pasado y, por tanto, establece una división entre el observador y la cosa observada. Entonces, ¿puede uno observar el miedo sin ninguna reacción del pasado, ese pasado que es el observador?

Mire, si anteriormente me reuní con usted y me insultó o me halagó, si hizo muchas cosas en mi favor o en mi contra, todo eso está acumulado en la memoria como pasado, ese pasado es el observador, el pensador, y cuando yo, o quien sea, mira con los ojos del pasado no lo hace con una mirada limpia, por eso el observador nunca ve claramente, siempre ve con ojos corruptos, con ojos opacos. De manera que... ¿es posible observar el miedo sin el pasado? Es decir, no nombrar el miedo, no utilizar la palabra "miedo", tan sólo observarlo, pero esa atención total únicamente es posible cuando no hay un observador, siendo el observador el pasado. Si uno lo hace, cuando observa totalmente, entonces el contenido completo de la conciencia como miedo desaparece.

Tengo miedo de lo externo y de lo interno, tengo miedo de que maten a mi hijo en la guerra, la guerra es algo externo, es un invento de la tecnología que ha desarrollado estos instrumentos monstruosos de destrucción, e internamente me aferro a mi hijo, lo amo, lo he educado conforme a esa sociedad en la que vivimos, la cual dice que hay que matar. Esa sociedad que hemos construido es corrupta, es inmoral, sólo se interesa por el consumismo, por progresar cada vez más, no tiene ningún interés en el completo desarrollo del mundo ni del ser humano.

Como saben, no tenemos compasión, lo que tenemos son grandes conocimientos, mucha experiencia, podemos hacer cosas extraordinarias en medicina, en el ámbito tecnológico, en la ciencia, pero no tenemos ninguna clase de compasión. Compasión significa pasión por todos los seres humanos, por los animales y por la naturaleza, ¿cómo puede haber compasión si hay miedo, si la mente está persiguiendo constantemente el placer? Queremos tener placer, queremos controlar el miedo, queremos esconderlo bajo tierra y, a la vez, queremos tener compasión, lo queremos tener todo, pero eso no es posible. Sólo podemos tener compasión cuando no hay miedo, por esa razón es tan importante comprender el miedo en la relación, y únicamente podemos desarraigarlo por completo si observamos la reacción sin nombrarla, porque el mismo hecho de nombrarla es la proyección del pasado. De modo que el pensamiento sustenta y persigue el placer, también refuerza el miedo: tengo miedo de lo que pueda suceder mañana, tengo miedo de perder mi empleo, tengo miedo de la muerte.

Sin duda, el pensamiento es el responsable del miedo, nuestras vidas dependen del pensamiento, nuestras acciones cotidianas se basan en el pensamiento, pero ¿qué lugar ocupa el pensamiento en la relación humana? Si me insulta, eso deja un recuerdo en la memoria de mi mente, y cuando lo miro a usted lo veo con ese recuerdo que tengo en la memoria; si me halaga, cuando lo miro igualmente lo veo con ese recuerdo, de tal forma que nunca lo miro sin los ojos del pasado, por eso es tan importante comprender el lugar que ocupa el pensamiento en la relación. Si ocupa un lugar en la relación, entonces la relación se convierte en una rutina diaria, en algo mecánico, en un sinsentido de placer y miedo.

Así que llegamos a la pregunta, ¿qué es el amor? ¿Es el amor un producto del pensamiento? Por desgracia, el amor se ha convertido en un producto del pensamiento, "amo" a Dios, "amo" a esa persona, pero destruyo la naturaleza. Uno debe investigar esa pregunta muy profundamente para descubrir por sí mismo lo que es el amor, porque sin amor, sin esa cualidad de la compasión, siempre sufriremos. Ahora bien, para descubrirlo, para que la mente tenga esa profunda compasión, uno debe comprender el sufrimiento, porque la pasión surge del sufrimiento; la raíz etimológica de la palabra "pasión" es sufrimiento, y la mayoría nos escapamos del sufrimiento, lo cual no significa que debamos aceptar el dolor físico o psicológico, sería una tontería. Sin embargo, ¿es el sufrimiento el movimiento del pensamiento o es el sufrimiento algo por completo diferente del pensamiento? Es muy importante comprender la maquinaria del pensar, no una comprensión verbal, sino observar realmente en nosotros mismos qué es el pensar y cuál es su lugar en nuestra vida diaria.

Charla pública en San Francisco, California
11 de marzo de 1973

3. EL PLENO SIGNIFICADO DE LA MUERTE

En general, las personas desperdician su vida, tienen mucha energía pero la malgastan, permanecen todo el día en la oficina, cavando en el jardín, ejerciendo de abogado, o llevando una vida de sanyasi que ha renunciado al mundo. El promedio de la vida de las personas, según parece, al final tiene muy poco valor, muy poca trascendencia; si uno mira hacia atrás, cuando tiene cincuenta, ochenta o noventa años, se pregunta qué ha hecho con su vida.

La vida tiene un extraordinario significado, con su gran belleza, su gran sufrimiento y su ansiedad, pero al final de todo, ¿qué hemos hecho en la vida? Dinero, sexo, el constante conflicto de la existencia, fatiga, penalidades, infelicidad, frustración, es todo lo que tenemos y, quizá, con alguna satisfacción ocasional, o puede que uno ame completamente a alguien, totalmente, sin ninguna implicación del "yo".

Parece que en el mundo hay muy poca justicia, los filósofos han hablado mucho sobre la justicia, los trabajadores sociales hablan de justicia, la mayoría de las personas quieren justicia, pero ¿hay realmente justicia en la vida? Alguien es brillante, está bien situado, tiene una mente capaz, es bien parecido, tiene todo lo que él o ella quiere, mientras que otro no tiene nada; uno es muy educado, sofisticado, libre para hacer lo que él o ella quiere, mientras que otro es apocado, pobre de mente y corazón; uno es capaz de escribir y de hablar, es un buen ser humano, mientras que el otro no; uno es blanco y el otro es negro, uno es inteligente, consciente, sensible, de profundos sentimientos, ama la belleza de una puesta de Sol, la gloria de la Luna, la asombrosa luz sobre las aguas, se da cuenta de estas cosas, mientras que el otro no; uno es razonable, sensato, vital, mientras que el otro no.

De modo que uno se pregunta, con seriedad, ¿hay realmente justicia en el mundo? ¿Pueden los seres humanos tener justicia? Cuando uno mira a su alrededor parece que la vida, para algunas personas, es tan vacía, tan sin sentido. Ante la ley, supuestamente, todos somos iguales, pero algunos son más iguales que otros porque tienen dinero para pagar a un buen abogado; algunos han nacido altos y otros bajos. Este ha sido el problema de los filósofos, el amor a la verdad, el amor a la vida, pero, quizá, la verdad está en la vida y no en los libros ni en las ideas, no está separada de la vida, tal vez, la verdad está en el lugar en que nos encontramos y en la manera como vivimos la vida.

Cuando uno observa todo esto en el mundo parece que hay muy poca justicia, por eso se pregunta: ¿dónde hay, entonces, justicia? Al parecer, la justicia sólo existe cuando hay compasión; la compasión es el fin del sufrimiento, la compasión no nace de ninguna religión ni pertenece a ningún culto. Uno puede tener supersticiones o inventar dioses, pero no por eso es compasivo, para tener compasión uno debe estar por completo, totalmente, libre de cualquier condicionamiento; ahora bien, ¿es posible esa libertad?

Durante millones de años el cerebro humano ha sido condicionado, eso es un hecho, y, al parecer, cuantos más conocimientos tenemos de las cosas de la Tierra y de los cielos más esclavizados estamos; pero sólo cuando hay compasión viene la inteligencia, y esa inteligencia tiene la claridad de la justicia. Hemos inventado las ideas del *karma*, de la reencarnación, y pensamos que inventando estas ideas, estos sistemas de algo que sucederá en el futuro, resolveremos el problema de la justicia, pero tan sólo hay justicia cuando la mente tiene claridad y es compasiva.

Nuestros cerebros son instrumentos muy complejos, nuestro cerebro, mi cerebro, es el cerebro de la humanidad, no sólo es el desarrollo que tiene desde que nacemos hasta que morimos, sino que ha evolucionado desde tiempos remotos y ha condicionado nuestra consciencia; esa consciencia no es personal, es la base en la cual los seres humanos se apoyan. Cuando uno observa esa consciencia con todo su contenido de creencias, de dogmas, conceptos, miedos, placeres, agonías, soledad, depresión y desesperación, se da cuenta de que no es una consciencia individual, el individuo no es el dueño de esa consciencia, estamos profundamente condicionados para pensar que somos individuos separados, pero nuestro cerebro no es suyo ni mío, no estamos separados.

Nuestro cerebro ha sido condicionado por la educación, por la religión, a fin de pensar que somos entidades separadas, almas separadas, etc., pero en realidad no somos individuos, somos el resultado de miles de años de experiencias, de esfuerzos y luchas humanas, de modo que estamos condicionados y, por tanto, nunca somos libres. Mientras vivamos con o de un concepto, con una conclusión, con ciertas ideas o ideales, nuestros cerebros no serán libres y, en consecuencia, no habrá compasión. Si uno está libre de todo condicionamiento, lo cual significa estar libre de ser hindú, cristiano, musulmán o budista, libre de estar atrapado en una especialización, aunque la especialización pueda tener su lugar, libre de dedicar la vida a conseguir dinero, entonces puede conocer lo que es la compasión.

Mientras el cerebro esté condicionado, tal como lo está ahora, la humanidad no será libre; a través del conocimiento no hay avance, tal como algunos filósofos y biólogos afirman. El conocimiento es necesario para conducir un automóvil, para los negocios, para ir a algún lugar, para el desarrollo tecnológico, etc., pero ese conocimiento psicológico que uno acumula de sí mismo y que termina siendo memoria, como resultado de las presiones externas y de las demandas internas, no es necesario en absoluto.

Nuestras vidas están divididas, fragmentadas, rotas, nunca son un todo, nunca observamos de forma holística, siempre lo hacemos desde un punto de vista particular, nosotros mismos estamos divididos y, por consiguiente, nuestras vidas son, en sí mismas, contradictorias, nunca miramos la vida como un todo, de forma completa e indivisible. La palabra "todo" significa ser íntegro, sensato, también significa sagrado, esa palabra tiene un gran significado, no se trata de que varios fragmentos o partes se integren en nuestra consciencia humana, aunque nosotros siempre intentamos integrar varias contradicciones. Ahora bien, ¿es posible mirar la vida como un todo, ver el sufrimiento, el placer, el dolor, la tremenda ansiedad, la soledad, el ir a la oficina, el tener una casa, sexo, hijos, como actividades que no están separadas, como un movimiento holístico, una acción unitaria? ¿Es realmente posible o debemos vivir siempre en fragmentos y, por tanto, estar en perpetuo conflicto?

¿Podemos observar la fragmentación y la identificación con estos fragmentos? Observar, no corregir, no superarlos, no escaparnos o reprimirlos, sino observarlos, no se trata de lo que uno pueda hacer, porque si intenta hacer algo al respecto, entonces estará actuando desde un fragmento y, en consecuencia, cultivando más fragmentación y división. Sin embargo, si puede observar holísticamente todo el movimiento de la vida como un único movimiento, no sólo terminará el conflicto con su energía tan destructiva, sino que también de esa observación surgirá una forma de afrontar la vida totalmente nueva.

Me pregunto si uno se percata de lo fragmentada que es la propia vida cotidiana, y si uno se da cuenta, ¿no debe, entonces, preguntarse si es posible unificarlo como un todo? Pero ¿quién será la entidad, el "yo", que unificará estas partes y las integrará, no es también esa entidad un fragmento? El pensamiento en sí mismo es un fragmento, porque el conocimiento de algo nunca es completo, el conocimiento es memoria acumulada y el pensamiento es la respuesta de esa memoria, por consiguiente, es limitado; el pensamiento nunca puede generar una observación holística de la vida.

Así pues, ¿es posible observar los diversos fragmentos de nuestra vida cotidiana y mirarlos como un todo? Uno es profesor, maestro, ama de casa, o un sanyasi, todo esto son fragmentaciones de la vida diaria, y ¿puede uno observar todo el movimiento de la propia vida fragmentada con sus motivos separados y divididos, puede uno observarlos sin el observador? El observador es el pasado, es los recuerdos acumulados, el observador es el pasado y el pasado es tiempo, por tanto, el pasado está mirando estos fragmentos, pero el pasado, al ser memoria, en sí mismo también es el resultado de fragmentos anteriores.

De modo que... ¿puede uno observar sin el tiempo, sin el pensamiento, sin los recuerdos del pasado y sin la palabra? La palabra es el pasado, la palabra nunca es la cosa, y nosotros siempre miramos a través de la palabra, a través de explicaciones que son una actividad de las palabras, nunca tenemos una percepción directa; sin embargo, la percepción directa transforma las mismas células cerebrales. Nuestro cerebro se ha condicionado a través del tiempo y de la actividad del pensamiento, está atrapado en este círculo, pero cuando hay una observación pura de cualquier problema se produce una transformación, una mutación en la misma estructura de las células.

Nosotros hemos creado el tiempo psicológico, el tiempo como logro, somos unos maestros del tiempo interno que el pensamiento ha procesado, por eso debemos comprender la naturaleza del tiempo que el hombre ha creado; pero ¿por qué los seres humanos en lo psicológico, internamente, han creado el tiempo, tiempo para llegar a ser bueno, para liberarse de la violencia, para alcanzar la iluminación, para lograr algún estado elevado de la mente, o para meditar? Si uno actúa dentro del campo del tiempo está generando contradicción y, en consecuencia, conflicto, porque el tiempo psicológico es conflicto.

En realidad, es un gran descubrimiento si nos damos cuenta del hecho de que uno es el pasado, el presente y el futuro, lo cual es tiempo como conocimiento psicológico, y eso genera una división en nuestra consciencia, entre nuestra vida actual y el tiempo restante que es la muerte. Es decir, uno vive con los propios problemas y la muerte es algo que debe evitarse, posponerse, colocarla a gran distancia, aunque observar holísticamente todo el movimiento de la vida es vivir con ambas, con la vida y con la muerte, pero como nos aferramos a la vida y eludimos la muerte, ni siquiera queremos hablar de ella, sin embargo, la muerte forma parte de la propia vida superficial y psicológica de uno, y aun así seguimos tratando de distanciarnos de ella.

¿Qué es la muerte, no es una parte de la propia vida de uno? Puede que uno esté temeroso, que quiera evitar la muerte y prolongar la vida, pero al final la muerte siempre está ahí.

¿Qué es el vivir, lo cual es nuestra consciencia? La consciencia es su propio contenido y el contenido no es diferente de la consciencia, la consciencia es lo que uno cree: las propias supersticiones, los dioses, los rituales, la envidia, la ambición, la competitividad, la profunda soledad, el apego, el sufrimiento, todo esto es la consciencia de uno, uno es todo esto. No obstante, esa consciencia no es sólo de uno, es la consciencia de la humanidad, uno es el mundo y el mundo es uno, uno es la consciencia con su contenido.

Ese contenido es la base sobre la cual se apoya toda la humanidad, por tanto, en lo psicológico, en lo interno, uno no es un individuo. Externamente, uno puede tener un aspecto distinto al de otras personas, puede ser amarillo, moreno, negro, alto o bajo, ser una mujer o un hombre, pero internamente, en lo profundo somos similares, quizá con alguna variación, pero esa similitud es como un hilo que mantiene juntas las perlas de un collar.

Debemos comprender lo que es el vivir y, entonces, podremos preguntar qué es el morir; lo que sucede antes de morir es más importante que lo que sucede después de la muerte, es decir, antes del final, mucho antes del último minuto, ¿qué es el vivir? ¿Es el vivir un esfuerzo y un conflicto en el cual no hay ninguna relación de unos con otros, es el vivir esa profunda sensación de soledad interna? Para escapar de eso que llamamos "vivir" vamos a las iglesias, a los templos, rezamos y adoramos, pero eso no tiene ningún valor; si uno tiene dinero se satisface con extravagancias, ya conocen todos los trucos que utilizamos para evadirnos de nuestra propia consciencia, del estado real de nuestra mente, y a eso lo llamamos "vivir".

La muerte es el final de todas las cosas conocidas, es el final de todos los apegos, de todo el dinero que ha acumulado y no puede llevarse, esa es la razón de que sienta miedo, pero el miedo es parte de su vida, y cualquier cosa que haga, por muy rico, por muy pobre, por muy alta que sea su posición social y por mucho poder que tenga, siempre está ese final al que llamamos "la muerte".

Pero... ¿qué es eso que muere? Muere el "yo" con

todas las acumulaciones que ha almacenado en la vida, con todo el dolor, la soledad, la desesperación, las lágrimas, las risas, el sufrimiento que es el 'yo' con sus afirmaciones, toda esa acumulación es el "yo", y aunque uno pretenda tener un espíritu, un *atman*, un alma más elevada, algo eterno, esa pretensión es un invento del pensamiento, y el pensamiento no es sagrado.

Así que nuestra vida es ese "yo" al que nos aferramos, al que estamos apegados, y la muerte es el final de eso. Tenemos miedo de lo conocido y de lo desconocido; lo conocido es nuestra vida y tenemos miedo de la vida, y lo desconocido es la muerte de la cual también tenemos miedo.

La muerte es la negación completa del pasado, del presente y del futuro, que constituyen el "yo", y al estar temerosos de la muerte creemos que hay otra vida para vivir, creemos en la reencarnación, lo cual es una bonita, una hermosa y confortable proyección inventada por las personas que no comprenden lo que es el vivir, que ven la vida como sufrimiento, como un constante conflicto, una interminable desdicha, con alguna esporádica sonrisa o alegría, y que dicen: «Tendré una nueva vida, después de la muerte me reuniré con mi esposa o mi esposo, con mi hijo o con mi Dios», pero siguen sin comprender lo que son ni a lo que están apegados. Uno debe investigar con mucho detenimiento y profundidad los propios apegos, porque la muerte no permite llevarse nada cuando uno muere.

¿Puede el cerebro, la consciencia humana, estar libre de ese miedo a la muerte? Como uno es un experto del tiempo psicológico, ¿es posible vivir con la muerte y no mantenerla como algo separado que hay que evitar, que posponer, que olvidar? La muerte es parte de la vida, ¿puede uno, entonces, vivir con la muerte y comprender el significado de terminar? Eso quiere decir comprender el significado de la negación, negar es terminar con los propios apegos, con las propias creencias, y si uno lo hace, si termina con ellos, surge algo completamente nuevo; por tanto, ¿puede negar todo apego mientras uno vive? Eso significa vivir con la muerte.

La muerte es un final y tiene una extraordinaria importancia en la vida, no se trata del suicidio ni de la eutanasia, sino de terminar con los propios apegos, el propio orgullo, el propio antagonismo o el odio hacia otro. Si uno mira la vida holísticamente, entonces el vivir, el morir, la agonía, la soledad y el sufrimiento son todo un solo movimiento; si uno mira holísticamente hay libertad total de la muerte, hay una sensación de terminar y, por tanto, deja de haber continuidad, hay libertad del miedo de no tener la posibilidad de continuar, aunque el cuerpo finalmente perecerá.

Cuando un ser humano comprende el pleno significado de la muerte tiene esa vitalidad, esa plenitud que yace detrás de la comprensión, ese ser humano está fuera de la consciencia de la humanidad. La vida y la muerte son una sola cosa cuando uno empieza a morir en vida, entonces uno vive codo con codo con la muerte, y si uno comprende esto, esa es la cosa más importante que puede hacer, porque el pasado, el presente y el futuro dejan de existir, tan sólo queda el terminar.

Charla pública en Bombay, la India
6 de febrero de 1982

4. COMPRENDER LO QUE ES EL AMOR

El pensamiento está asociado con otros pensamientos, es una serie de movimientos que llamamos "el pensar", de hecho, un pensamiento no puede existir por sí mismo, no puede existir sin todas sus asociaciones y conexiones. Nuestra vida es pensamiento, eso es algo obvio, y el pensamiento siempre tiene relación con algo, un pensamiento le sigue a otro pensamiento: si estoy lustrando mis zapatos y al mirar por la ventana veo una montaña me distraigo, tengo que volver a estar pendiente de lustrar mis zapatos; si quiero concentrarme en algo el pensamiento se mueve en otra dirección, tengo que volver atrás e intentar concentrarme. Esto es lo que sucede todo el tiempo, desde la infancia hasta que morimos, cuanto más pensamos en los pensamientos más pensamientos vienen: «Debo pensar de esa manera», «debo pensar correctamente», «¿hay un recto pensar, un pensar equivocado, un pensar deliberado?», «¿cuál es el propósito de la vida?», etc., cuando todo ese proceso del pensar empieza no tiene final.

El pensamiento ha creado las cosas más extraordinarias, en lo tecnológico ha producido las cosas más espantosas, más horribles, ha inventado los rituales de cada religión, ha torturado a los seres humanos, ha expulsado a gente de una parte del mundo a otra. El pensamiento, tanto en Oriente como en Occidente, sigue siendo pensamiento, no hay un pensar oriental y un pensar occidental como dos cosas separadas.

¿Puede el pensamiento dejar de interferir? No en la forma de pensar suya o mía, ni decir que debemos pensar juntos, que debemos movernos en la misma dirección, lo que estamos preguntando es si el pensamiento puede dejar de interferir, es decir, ¿puede el tiempo terminar? El pensar es el resultado del conocimiento, de la memoria, y para acumular conocimientos uno necesita tiempo, incluso una computadora, que es algo tan extraordinario, necesita fracciones de segundo para buscar la información, pero cuando preguntamos si el pensamiento puede dejar de interferir, estamos preguntando también si el tiempo puede detenerse. Si lo investigan, es una pregunta muy interesante.

¿Qué significa para nosotros el tiempo, no sólo el psicológico, sino también el físico, la salida y la puesta del Sol, el aprender un idioma, etc.? Uno necesita tiempo para ir de un lugar a otro, incluso si es en un tren muy rápido o en un avión, y mientras exista esa distancia entre "lo que es" y "lo que debería ser", entre "lo que soy" y "lo que debo ser", no importa si es una distancia muy corta o una distancia de siglos, esa distancia sólo puede cubrirse con tiempo. Por otro lado, el tiempo implica evolución, uno planta una semilla en la tierra y esa semilla necesita todo el ciclo para germinar, para crecer, o mil años para convertirse en un árbol enorme; todo lo que crece o se desarrolla necesita tiempo, por consiguiente, el tiempo y el pensamiento no son dos movimientos separados, son un único movimiento unitario.

Estamos preguntando si el pensamiento y el tiempo pueden detenerse, ¿cómo lo descubrirán? Esta ha sido una de las dificultades que el ser humano ha tenido que afrontar desde sus orígenes; sabiendo que el movimiento del tiempo es un círculo, que el tiempo es un cautiverio y que la esperanza implica tiempo, el hombre no pide más oportunidades, pide si el tiempo puede terminar.

Esta es una cuestión muy seria, no estamos investigando si existe lo eterno, estamos preguntando si el tiempo, que es pensamiento, puede detenerse; ahora bien, ¿cómo lo descubriremos? ¿Por medio del análisis, por medio de la llamada "intuición"? Esa palabra "intuición", que con tanta frecuencia se utiliza, puede ser muy peligrosa, puede tener relación con nuestros deseos ocultos, con nuestros motivos profundamente arraigados de los cuales no somos conscientes, o con nuestra costumbre de reaccionar, con nuestras idiosincrasias, con nuestro conocimiento acumulado. Lo que nosotros estamos preguntando es: ¿puede uno soltar todo esto, terminar con el tiempo? ¿Cómo lo descubrirá? "Usted", no otra persona, porque lo que otros dicen no es importante.

Debemos investigar tan hondo como podamos la naturaleza del tiempo, de la misma manera que ya investigamos la naturaleza del pensamiento, ¿puede todo eso terminar? ¿Es un proceso gradual? Si es un proceso gradual, el mismo proceso gradual es tiempo, de modo que el terminar no puede ser gradual, no puede ser "después de", no puede ser mañana, la próxima semana o unos minutos más tarde, incluso no puede ser el próximo segundo, todo eso incluye al tiempo. Si uno de verdad lo capta, comprende profundamente la naturaleza del pensamiento, la naturaleza del tiempo, de la disciplina, del arte de vivir; si uno no lo esconde con ninguna clase de movimiento, sino que permanece muy quietamente con eso, entonces se alcanza a vislumbrar su naturaleza, hay una percepción profunda que no tiene relación con la memoria ni con nada. ¡Descúbranlo!

Quien les habla puede decir con facilidad que hay un terminar, pero eso sería una gran tontería, porque a menos que realmente lo investiguemos, lo experimentemos, lo afrontemos, lo examinemos profundamente, no es posible descubrir esa sensación extraordinaria de lo eterno.

¿Cómo puede un cerebro limitado captar lo ilimitado? No puede, porque es limitado. ¿Podemos captar el significado, la profundidad, la cualidad del cerebro y reconocer el hecho, el hecho no la idea, de que nuestros cerebros están limitados por el conocimiento, por las habilidades, por ciertas disciplinas, por pertenecer a un grupo, a una nacionalidad? Todo esto, básicamente, es interés propio, es esconderse, es camuflarse con todo tipo de cosas, ropas, coronas, rituales, y esa limitación surge cuando hay interés propio, es obvio, cuando estoy interesado en mi propia felicidad, en mi propia realización, en mi propio éxito; ese interés propio limita la cualidad y la energía del cerebro. El cerebro, durante millones de años, ha evolucionado en el tiempo, con la muerte y el pensamiento, y esa evolución significa una serie de sucesos en el tiempo, para crear todos los rituales religiosos se necesita tiempo. De modo que el cerebro ha sido condicionado, limitado por su propia voluntad, ha buscado su propia seguridad, se ha mantenido dentro de su propia parcela diciendo: «Creo», «no creo», «estoy de acuerdo», «no estoy de acuerdo», «esa es mi opinión», «esa es mi valoración». Todo esto es interés propio, tanto si es en la jerarquía religiosa, entre los más destacados políticos, en la persona que busca poder a través del dinero, en el profesor o la profesora con su tremendo conocimiento académico, en todos los gurús que hablan de bondad y de paz, todo eso sigue siendo parte del interés propio.

Nuestro cerebro se ha convertido en algo muy insignificante, hemos reducido su inmensa capacidad, y aunque en lo tecnológico el cerebro ha creado innovaciones tremendas, también tiene inmensas capacidades para investigar muy profundamente lo interno, y sin embargo el interés propio lo limita. Es muy sutil descubrir por uno mismo dónde se esconde el interés propio, puede esconderse detrás de una ilusión, de una neurosis, de fantasías, en cualquier nombre familiar, y para descubrirlo hay que remover cada piedra, cada brizna de hierba.

Si para hacerlo le lleva tiempo, eso se convierte en una esclavitud, pero puede verlo, captarlo, tener una percepción directa de forma instantánea, y tener esa percepción directa es abarcar todo el campo.

¿Cómo puede un cerebro condicionado captar lo ilimitado, eso que es la belleza, el amor y la verdad? ¿Cuál es la base de la compasión y la inteligencia? ¿Pueden manifestarse en nosotros? ¿Invitan a que se manifiesten la compasión, la inteligencia, la belleza, el amor y la verdad? ¿Intentan captarlas? Se lo estoy preguntando, ¿intentan captar la cualidad de la inteligencia, de la compasión, el sentido inmenso de la belleza, el perfume del amor, y esa verdad que no tiene sendero? ¿Es eso lo que quieren captar, quieren descubrir la base donde habitan? ¿Puede un cerebro limitado captarlo?

No tienen ninguna posibilidad de captarlo, de contactar con ello, porque practican cualquier meditación, ayunan, se torturan a sí mismos, se vuelven terriblemente austeros, sólo llevan una pieza de ropa. Los ricos no pueden encontrar la verdad, tampoco pueden encontrarla los pobres, ni la persona que opta por el voto del celibato, del silencio, de la austeridad, todo eso está predeterminado por el pensamiento, creado de forma gradual por el pensamiento, todo es una planificación deliberada del pensamiento, tiene una intención preconcebida. Al ser el cerebro limitado, haga lo que haga, sentarse con las piernas cruzadas, en posición de loto, entrar en trance, meditar, sostenerse con la cabeza abajo y los pies arriba, o con una pierna, cualquier cosa que haga nunca lo alcanzará, nunca tendrá la compasión.

De modo que uno debe comprender lo que es el amor, el amor no es sensación, no es placer, no es deseo, no es realizarse, no es celos ni odio; la compasión, la generosidad y el tacto son parte del amor, pero estas cualidades no son el amor. Para comprenderlo, para encontrarlo se necesita esa inmensa capacidad de valorar la belleza, no la belleza de una mujer, de un hombre o de una estrella del cine, la belleza no está en la montaña, en los cielos, en los valles o en el movimiento de las aguas de un río, la belleza únicamente existe cuando hay amor; la belleza y el amor son compasión, y la compasión no tiene un lugar, no depende de su conveniencia.

La belleza, el amor, la verdad son la forma más alta de inteligencia, y cuando esa inteligencia se manifiesta hay acción, claridad, una sensación inmensa de dignidad, es algo que no puede imaginarse, y como no puede imaginarse, al ser ilimitado, no puede plasmarse en palabras. Pueden intentar describirlo, algunos filósofos lo han hecho, pero esos filósofos que lo han descrito no conocen eso que han descrito.

Para que se manifieste esa enorme sensación no puede estar presente el "yo", el ego, la actividad egocéntrica, el llegar a ser, debe haber un gran silencio en uno. Silencio significa completo vacío, donde hay un enorme espacio, y en ese enorme espacio hay una inmensa energía, no la energía del interés propio, sino una energía ilimitada.

La muerte es la cosa más extraordinaria, termina con la larga continuidad, con esa continuidad en la que esperamos encontrar seguridad, pero el cerebro sólo puede funcionar con perfección si tiene completa seguridad, seguridad ante el terrorismo, seguridad en una creencia, seguridad en el conocimiento, etc. La muerte termina con todo esto; puede que uno tenga esperanzas en la próxima vida y todas estas tonterías, pero la muerte, definitivamente, termina con esa larga continuidad, y aunque uno se haya identificado con esa continuidad, esa continuidad que es el "yo", la muerte dice: «Lo siento, amigo mío, se ha terminado». Si uno vive constantemente con la muerte no tiene miedo a la muerte, en realidad no esta temeroso, es decir, muere a cada instante; no tener continuidad y luego terminar, sino terminar cada día con eso que uno ha acumulado, ha memorizado, ha experimentado.

El tiempo nos da esperanzas, el pensamiento nos da satisfacciones, nos garantiza tener continuidad, y nosotros decimos: «Bien, en la próxima vida...», pero si ahora no terminamos con esas tonterías, con esas bobadas, con esas ilusiones, las retomaremos en la próxima vida, siempre que haya una próxima vida. El tiempo, el pensamiento dan continuidad, y nosotros nos aferramos a esa continuidad, por eso tenemos miedo, pero el miedo destruye el amor. El amor, la compasión y la muerte no son movimientos separados.

¿Podemos vivir con la muerte, pueden terminar el pensamiento y el tiempo? Todas estas cosas están relacionadas, no separemos el tiempo, el pensamiento y la muerte, porque son una sola cosa.

Diálogo público en Saanen, Suiza
25 de julio de 1985

5. LAS TRES ARTES EN NUESTRA VIDA DIARIA

Creo que debemos comprender con toda claridad y sencillez el arte de escuchar, el arte de ver y el arte de aprender. La palabra "arte" generalmente se aplica a los artistas, a los que pintan, a los que escriben poemas, a los que hacen esculturas, etc., pero el significado de esa palabra "arte" es dar a cada cosa su justo lugar, poner todos nuestros pensamientos, sentimientos, ansiedades, etc., en su justo lugar, dar a las cosas su justa proporción, que todo tenga armonía.

Difícilmente escuchamos a otro, estamos tan saturados con nuestras propias conclusiones, experiencias, problemas, valoraciones, que no tenemos espacio para escuchar, y tan sólo es posible escuchar si uno deja las propias opiniones particulares, los conocimientos, los problemas y las conclusiones personales, entonces uno está libre para escuchar sin interpretar, sin juzgar, sin evaluar. De hecho, escuchar, el arte de escuchar, es hacerlo con sumo cuidado, con atención, con afecto, y si uno es capaz de escuchar de esa manera, entonces la comunicación es algo muy simple, no hay malos entendidos. Comunicarse significa pensar juntos, compartir juntos las cosas de las que estamos hablando, participar en los problemas como dos seres humanos; para mí, la comunicación es muy importante porque vivimos en un mundo monstruoso, corrupto, donde hay fealdad, crueldad, violencia, y cuando uno tiene el arte de escuchar aprende inmediatamente, ve los hechos al instante, porque en el arte de escuchar hay libertad. En esa libertad, cada matiz del mundo tiene importancia y de inmediato se comprende, hay percepción al instante, por tanto, la libertad para observar es instantánea.

También está el arte de ver, de ver las cosas tal como son, no como uno quiere verlas, sino ver las cosas sin ilusiones, sin ninguna valoración u opinión preconcebida, verlas como realmente son y no según las conclusiones que uno tiene de lo que son.

Y está el arte de aprender, no de memorizar, que es algo muy mecánico, nuestros cerebros se han convertido en algo sumamente mecánico; el arte de aprender significa libertad para observar, para escuchar sin ningún prejuicio, sin argumentaciones, sin emociones y sin respuestas románticas.

Cuando de verdad y no intelectualmente tenemos estas tres artes en nuestra vida diaria, poniendo cada cosa en su lugar, donde corresponde, entonces podemos vivir realmente una vida muy sosegada y armoniosa. De manera que, por favor, aprendan ahora el arte de escuchar, miren con la atención de escuchar que el pensamiento es tiempo, que el pensamiento es medida, que el pensamiento es un movimiento en el tiempo, el cual es la causa del miedo. Si de esa declaración no extraen una conclusión, sino que escuchan realmente con su corazón, con su mente, con toda su capacidad, atención y cuidado, verán que no hay miedo; el arte de escuchar hace el milagro.

De modo que escuchen, no piensen en lo que deben hacer; el arte de escuchar es ser sensible, estar alerta, estar observando "ahora"; si lo hacen, verán cómo el pensamiento se coloca en su justo lugar y tendrán una verdadera relación con el otro; por tanto, nunca habrá ningún conflicto con los demás.

Nuestra consciencia es nuestra vida cotidiana, y en esa consciencia existe el deseo de poder, las muchas heridas que hemos recibido desde la niñez, hay miedo, hay placer, hay esa cosa a la que llamamos "amor" pero que no es amor, están las innumerables creencias que tenemos, la creencia en Dios, la creencia en no Dios, la creencia socialista, la creencia capitalista, y esas creencias manifiestan una vida basada en fantasías, lo cual no tiene nada que ver con la realidad.

Pondremos orden en la consciencia no haciendo un esfuerzo por poner orden, no queriendo poner orden, sino escuchando, viendo y aprendiendo, porque el escuchar no tiene dirección, el ver no tiene dirección, y para aprender, no para memorizar, debe haber libertad para observar y para mirar.

Charla pública en Ojai, California
10 de abril de 1977

6. PONER LOS CIMIENTOS DE LA MEDITACIÓN

Con frecuencia me pregunto por qué nos reunimos, por qué escuchan a quien les habla, ¿es porque son un poco serios, por curiosidad, y no porque quieran realmente cambiar sus vidas? Nos hemos convertido en mediocres, sin ningún talento, sin esa cualidad de lo genuino, estoy empleando la palabra "genuino"; en el sentido, no de ningún talento personal o don particular, sino de la mente que comprende la totalidad de la vida con su inmensidad, su complejidad, su contradicción y su existencia infeliz. Escuchamos, pero nos vamos con una comprensión parcial, no con un profundo compromiso y una seria atención de generar una profunda revolución psicológica. Con frecuencia me pregunto por qué los seres humanos toleramos la clase de vida que llevamos; puede que culpen a las circunstancias, a la sociedad, a la organización política, pero culpar a los demás no soluciona el problema. Nos dejamos llevar por las circunstancias y nuestra vida parece tan inútil, ir a la oficina desde la mañana hasta la noche durante casi cincuenta años y luego retirarse para morir, para vegetar, para quejarse, o para irnos apagando lentamente.

Cuando uno mira su propia vida, rodeado de toda esa extraordinaria belleza, con los enormes logros tecnológicos alcanzados, uno se pregunta por qué hay tan poca belleza en nuestras vidas; con esa palabra no me refiero sólo a la expresión de la belleza, a la decoración externa, sino a esa gran cualidad de comunicarse con la naturaleza. Si uno pierde el contacto con la naturaleza también pierde el contacto con los otros seres humanos; puede leer poemas si tiene esa afición, puede leer todos los maravillosos sonetos y escuchar las notas líricas de un hermoso poema, pero la imaginación no es la belleza. Percibir una nube, el amor de la luz en una nube, un filo de agua a lo largo de un camino seco, o un pájaro posado en una rama solitaria, todo esto fascina, pero nosotros raramente lo vemos y lo apreciamos porque estamos demasiado ocupados con nuestros problemas, con nuestras propias preocupaciones, con nuestras peculiares ideas y fijaciones, nunca somos libres; la belleza tiene esa cualidad de libertad que es por completo diferente de la independencia.

Cuando escuchan todo esto me pregunto qué harán con ello. Si ven a un perro y no lo aman, una roca, una nube que cruza solitaria, si no tienen esa extraordinaria sensación de comunicarse con el mundo que está lleno de tanta belleza, se convertirán en seres humanos insignificantes, mediocres, malgastarán su maravillosa vida y perderán toda la belleza y la profundidad de la existencia. Pero creo que debemos regresar a la realidad, aunque eso también es una realidad, una extraordinaria realidad: la rama, la sombra, la luz sobre una hoja, el aleteo del loro, eso también es un hecho, es algo real, y cuando comprendemos el balanceo de una palmera, el sentimiento completo de la vida, entonces hay esa profunda sensación de belleza. Sin embargo, mucho me temo que no están interesados en esto, escuchan y lo dejan pasar, puede que les parezca romántico y sentimental, pero la belleza no es romántica, no es sentimental ni emocional, es algo mucho más sólido, es como una roca en medio de la rápida corriente de un torrente.

Debemos investigar el orden porque nuestras vidas son desordenadas, confusas, contradictorias; para decirlo de una forma muy simple: donde hay contradicción no hay orden, donde hay confusión y conflicto no hay orden, y nuestra vida, tal como la vivimos ahora, es un conjunto de contradicciones, de confusión, de conflicto y de falta de honestidad. Esto es un hecho, y uno se pregunta si es posible poner orden en esta confusión, porque sin orden no hay eficiencia; el orden no tiene nada que ver con el sentimentalismo o el romanticismo, el orden es secuencial, lógico y equilibrado.

Así pues, ¿podemos tener orden, no como un proyecto, no algo establecido por la tradición, por un gurú, por un líder o por nuestros propios pequeños deseos y presiones, sino un orden perdurable? ¿Cómo podemos generar ese orden en nuestras vidas, de tal forma que no haya opuestos, dualidad, contradicción, falsedad, tanto política, religiosa, como en nuestra relación de unos con otros? Con frecuencia caemos en cierta clase de ilusión y creemos que estamos meditando, pero sin generar orden en nuestra vida diaria, hagamos lo que hagamos, eso no será meditación, de modo que vamos a poner los cimientos de la meditación.

La primera cuestión es darse cuenta de lo muy desordenada que es nuestra vida cotidiana, observarla; no se trata de cómo poner orden en el desorden, sino de comprender la naturaleza del desorden, porque si lo comprendemos, entonces, de esa comprensión, de ese hecho obvio, surge la belleza del orden que no es una imposición, una disciplina, una represión ni una conformidad, de ese mismo investigar el desorden surge el orden de forma natural. Vamos a hacerlo ahora.

El ser humano tiene enormes capacidades, a nivel tecnológico ha hecho cosas increíbles, ha elaborado con cuidado cada concepto, cada principio, cada idea, cada proyección religiosa, ha inventado los rituales, algunos de ellos son realmente hermosos, pero no tienen ningún valor. El ser humano tiene grandes cualidades, su mente no sólo tiene diferentes clases de actividades sensoriales, sino también de emociones, de afecto, de delicadeza, de atención, de aptitudes intelectuales, y esa sensación de gran amor, todo lo cual forma parte de la mente, de la totalidad de la mente. Ahora bien, a medida que hablamos, ¿aceptarán el reto de manera que la mente pueda funcionar a su máximo nivel y excelencia? Si no lo aceptan, vivirán en desorden.

¿Estamos preguntando por qué el ser humano durante siglos y siglos ha aceptado vivir en desorden, en desorden político, religioso, económico, social, y en la relación de uno con los demás? ¿Por qué, por qué hemos aceptado vivir de esa manera?

¿Quién esperan que responda esta pregunta? Un reto implica que uno debe responder con toda su capacidad, y yo les estoy retando, quien les habla ha dicho: «Ejercite su máxima capacidad, ejercite toda su energía para descubrir si es posible vivir en este mundo que está degenerando, que es corrupto, que es inmoral, vea si puede vivir una vida equilibrada, que sea por completo íntegra». Ese es el reto, ¿cuál es su respuesta? La palabra "íntegro" significa saludable, tanto física como psicológicamente, con todas las capacidades de la mente, tener cordura, y la palabra "íntegro" también significa santo, sagrado, o sea, la totalidad de la vida.

Como seres humanos, ¿se dan cuenta del completo desorden y del proceso de degeneración en el mundo y en nosotros mismos? Darse cuenta en el sentido de observar lo que realmente está sucediendo, no imaginar o hacerse una idea de lo que sucede, sino la verdad de lo que está sucediendo en lo político, en lo religioso, en lo social, en esa degeneración moral del hombre; ninguna institución, ningún gurú, ningún principio elevado detendrá esa degeneración que está extendida por todo el mundo, ¿nos damos cuenta de eso? Si nos damos cuenta, entonces, ¿qué haremos, cuál será nuestra acción? No en un futuro lejano, algún día, sino ¿cuál es nuestra acción "inmediata"? ¿Nos evadiremos del hecho actual de que el cerebro está envejeciendo, está deteriorándose, o juntos veremos, investigaremos, exploraremos, por qué el ser humano ha llegado a ser así?

¿Qué haremos? Sugiero que primero miremos nuestra propia vida, lo que realmente es, lo que de verdad está sucediendo, porque cualquier acción en nuestra vida configura la sociedad, nuestras acciones en la vida, eso es la sociedad, y no podemos transformar la sociedad a menos que cada uno se transforme, es algo obvio. Los comunistas, los liberales, los socialistas no lo han logrado, si leemos la *Gita*, las *Upanishads*, si nos interesamos enormemente por lo que dice el budismo o practicamos la meditación Zen, tampoco lo lograremos, ninguna de estas cosas lo resolverá, de manera que vamos a observar nuestras vidas, nuestra vida diaria.

Nuestra vida cotidiana está basada en la relación, sin relación no es posible existir, por tanto, ¿cuál es nuestra relación con los demás, con la esposa, con el esposo, con el patrón, con los trabajadores, con el vecino, cuál es la relación de unos con otros? ¿Hay en esa relación orden o es una actividad egoísta, una actividad egocéntrica y antagónica? Puedo estar casado, tener hijos, sexo, y todas estas cosas, pero si hay contradicción, si soy egoísta, si estoy interesado por mi propio éxito, mi ambición, mi estatus, interesado sólo por lo mío, y mi esposa también está interesada por lo suyo, sus problemas, su belleza, su semblante, ¿cómo puede haber alguna clase de relación entre nosotros? Si uno tiene una creencia, una conclusión, un dogma, y el otro tiene uno diferente, no puede haber relación, ¿se han dado cuenta de esto? Así pues, ¿es posible generar orden en nuestra relación con la esposa, con el esposo, y no con el universo, con el cosmos, o con "Dios"? Dios es un invento del intelecto, uno puede tener una relación extraordinaria con estos inventos, tratar con ilusiones, pero tener una relación sin conflicto con la esposa, con el esposo o con los hijos, ahí es donde empieza el orden.

Ahora bien, ¿cómo producirán orden? El orden constante es espacio, vean la belleza de esto. Si la mente tiene espacio, eso significa que la mente no está ocupada con ningún problema, pero nuestra mente está tan llena, tan atestada de creencias que persiguen cualquier tipo de cosas, está tan confundida, con tantas ilusiones, que no tiene espacio, y donde no hay espacio no puede haber constancia ni orden. Si en nuestra vida cotidiana no hay orden, la meditación se convierte en una simple evasión de la propia vida, y el escaparse por medio de la meditación sólo conduce a la ilusión.

De manera que uno debe poner los cimientos para descubrir aquello que está más allá del pensamiento, que es inconmensurable, que no puede expresarse en palabras; sin embargo, aquello no se manifestará sin esa sensación de enorme orden, en el cual hay libertad total.

Charla pública en Chennai, la India
7 de enero de 1979

7. EL ARTE DE VIVIR

La mayoría de nosotros estamos fragmentados, divididos en la vida de negocios, la vida religiosa, la vida sexual, etc., no somos holísticos, no somos seres humanos completos, miramos la vida desde un punto de vista muy particular, desde una conclusión, desde un concepto idealista, estos son los fragmentos desde los cuales miramos la vida; por tanto, ¿podemos afrontar cualquier problema desde un punto de vista del todo distinto que no esté fragmentado? Si reconocemos, si nos damos cuenta de que estamos fragmentados, separados, divididos, de que somos contradictorios, de que un deseo se opone a otro deseo, ¿es posible afrontar los problemas desde un enfoque diferente?

¿Por qué tenemos problemas? En nuestra vida los problemas se multiplican, los problemas se incrementan en una sociedad que es tan sofisticada, tan compleja, tan superpoblada, que tiene gobiernos incompetentes, etc., y parece que al intentar resolver un problema añadimos nuevos problemas; por tanto, ¿por qué tenemos problemas y es posible afrontar los problemas sin ese cerebro que está condicionado para resolver problemas?

Vamos a verlo. Cuando somos jóvenes, a la edad de cinco o seis años, vamos a la escuela, y siendo niños ya tenemos problemas: aprender a escribir, aprender a leer, aprender matemáticas, así es como desde la infancia condicionamos nuestro cerebro para resolver problemas. Más tarde vamos a la universidad donde igualmente tenemos problemas, y después viene el trabajo, las diferentes capacidades, la vocación, etc., problema tras problema, nuestro cerebro está lleno de problemas y nosotros siempre buscamos solucionarlos con ese cerebro que está condicionado para resolverlos; ahora bien, ¿cómo puede ese cerebro resolverlos si no está libre de problemas?

Desde la infancia, nuestro cerebro está condicionado para resolver problemas, lo hemos condicionado para eso, para buscar siempre una solución, para encontrar una solución sin comprender el problema en sí mismo, de modo que: ¿es posible tener un cerebro que no esté condicionado por los problemas?

Aunque nuestro cerebro está condicionado para resolver problemas nunca los solucionamos, todo lo contrario, aumentan más y más, ¿por qué? ¿Se debe a que un cerebro condicionado, que está arraigado en los problemas, nunca puede resolverlos? ¿Es posible tener un cerebro que no esté condicionado para resolver problemas y, por tanto, pueda comprenderlos? ¿No hay una gran diferencia entre resolver un problema y comprenderlo?

Si comprendemos un problema, la solución puede estar en el mismo problema.

Tomemos un ejemplo bien simple. Nunca hemos podido terminar con las guerras, el ser humano ha tenido guerras desde sus orígenes en la Tierra, y nunca ha podido solucionar ese problema de la guerra; lo único que hemos conseguido es mejorar la manera de matarnos, a lo cual llamamos progreso, esto no es un chiste. Nos movemos de una organización a otra, primero tuvimos la Sociedad de Naciones, ahora tenemos las Naciones Unidas, pero las guerras continúan, y aunque cambiamos de una organización a otra esperando que los problemas se solucionen, siguen multiplicándose y las guerras nunca terminan.

La causa de las guerras son el nacionalismo, las divisiones económicas, lingüísticas, raciales, religiosas, económicas, también las divisiones culturales nos separan; y como todos somos seres humanos sufrimos, todos padecemos dolores, ansiedades, aburrimiento, soledad y desesperación, pero no tratamos de resolver esto, sin embargo, queremos resolver los problemas que tienen causas externas.

¿Puede un cerebro que reconoce y se da cuenta de que desde la infancia está condicionado para resolver problemas, liberarse de ese condicionamiento y, en consecuencia, afrontar los problemas? ¿Lo harán? La cuestión es: ¿podemos ser conscientes, darnos cuenta de nuestro cerebro, de quc como seres humanos desde el principio de nuestras vidas estamos siempre luchando con problemas tratando de encontrar una respuesta acertada que los solucione? Sólo es posible responder adecuadamente cuando reconocemos que el cerebro está condicionado, porque mientras el cerebro siga condicionado para resolver problemas nunca encontrará la respuesta acertada.

Si uno no puede seguir con su esposa se divorcia y busca a otra persona, eso es lo que generalmente hacemos, aunque tengamos mucho tiempo y energía seguimos jugando, en mayor o menor escala, a este juego en el mundo, pero la dificultad no es el divorcio ni las múltiples complicaciones de la relación, sino comprender la profundidad y el significado de la relación. Tal como señalamos, la relación es una de las cosas más importantes en la vida, no sus expresiones emotivas, sus rabietas, neurosis, sino la profundidad de la relación, pero nunca lo enfocamos así, siempre intentamos solucionar los problemas de la relación, y por eso nunca lo logramos. Los psiquiatras, los psicoterapeutas, etc., aunque se multiplican como setas en el mundo actual, tampoco han solucionado los problemas, no han solucionado la raíz de todo esto.

Juntos debemos considerar el arte de vivir, ¿cuál es el arte de vivir? Tenemos el arte de la poesía, el de pintar, el de cocinar, etc., pero nunca nos preguntamos cuál es el arte de vivir, ese arte que, quizá, es el arte más sublime.

¿Existe realmente ese arte o todo es una casualidad, algún cambio genético, biológico? Si de eso hacen un problema, entonces tirarán por la ventana cualquier arte.

Así pues, juntos vamos a descubrir qué es el arte de vivir. Estamos utilizando la palabra "arte" con la amplitud, con la profundidad de esa palabra, y no sólo como el contenido que hay en los museos, pero si nos preguntaran cuál es el arte de vivir, ¿cuál sería nuestra respuesta? Responderíamos de forma calculada, personal, emocional, romántica, con una respuesta sin valor, ¿esa sería nuestra respuesta? Es decir, si respondemos de forma emocional diciendo: «¡Oh, el arte de vivir es la aspiración más alta, o el arte de vivir es la actividad intelectual más elevada!», esa respuesta es una pura tontería, es una respuesta muy parcial, o si decimos: «El arte de vivir es la forma holística de mirar la vida», aunque eso suena excelente no es un hecho, por tanto, ¿cuál es el arte de vivir? Como es lógico, el arte de vivir es no tener ningún conflicto, un cerebro que está todo el tiempo en conflicto, que todo el tiempo tiene problemas, que está tremendamente interesado por sí mismo, ese cerebro, inevitablemente, es muy limitado. Por ejemplo, si uno está pensando en sí mismo, ¿cómo puede meditar o hacer cualquier cosa, no será esa meditación un acto egoísta? Uno puede añadir más cosas, pero, al parecer, el arte de vivir es vivir sin conflicto.

¿Es eso posible? O sea, comprender los elementos opuestos de la propia vida de uno: desear una cosa y oponerse con otro deseo, ya saben, esa combinación de opuestos, porque mientras exista el interés propio debe haber conflicto, el interés propio es limitado, es muy pequeño e insignificante. Aunque escuchan todo esto siguen igual, dicen que no es posible vivir sin egoísmo en esta sociedad moderna, que se necesita al menos un poco de egoísmo, pero ¿lo han intentado alguna vez, han vivido durante un día sin egoísmo, sin pensar en sí mismos, ¡o incluso durante una hora, no estar comprometidos con nada y ver qué sucede!? Sin duda, regresarán de nuevo a su egoísmo, nadie les dirá que está mal o que está bien, porque aparentemente este es el estado natural de los seres humanos. Así pues, intenten hacerlo ahora durante una hora, no intentarlo, sino hacerlo, y ver qué sucede., porque si lo hacen durante una hora pueden ampliarlo, lo cual proporciona mucha energía, una gran pasión, no lujuria y todas esas cosas, sino pasión para examinar profundamente algo y llegar hasta su mismo final.

¿Qué es la atención, es un acto físico, es un movimiento del pensamiento, es una acción del deseo, que es la esencia de la voluntad? ¿Cómo surge la atención?, ¿puede suceder de forma natural, con facilidad, sin hacer grandes esfuerzos, sin aprenderlo en alguna escuela, de algún gurú, de alguien que nos adiestre? Vamos a examinar esta cuestión, no a encontrar una respuesta.

Atención implica no sólo escuchar con el oído, sino

también escuchar sin el oído, atención significa observar, percibir, ver visualmente, pero asimismo ver con el ojo interno, por así decirlo, y aprender. Ver, escuchar y aprender, estas tres cosas están implicadas en la atención.

¿Qué es aprender, es memorizar como hacemos cuando vamos a la escuela, a la universidad, almacenar conocimiento de los libros, de los profesores, los maestros, los supervisores, etc., es acumular conocimientos y luego utilizarlos con habilidad o no? Un aprendiz de carpintero debe conocer la calidad de la madera, las diferentes maderas, las vetas, la belleza de la madera, la sensación de la madera y los instrumentos que debe utilizar, de esa manera aprende; y ese aprender es a base de experiencia, día tras día, mes tras mes acumulando conocimientos de carpintería, pero esa clase de aprender es, sin duda, limitada porque el conocimiento es limitado, ya sea ahora, en el pasado o en el futuro.

¿Existe un aprender que no sea limitado, que no sea un proceso de acumular los conocimientos que hemos aprendido, en el cual no sólo esté implicado escuchar la palabra, el significado de las palabras, las reacciones a esas palabras, las respuestas a ciertas palabras favoritas como "amor" y "odio", sino también ver sin prejuicios, ver sin la palabra? ¿Pueden mirar un árbol sin la palabra, lo han hecho alguna vez? Eso significa sin dirección, sin motivo, sin las intervenciones del pensamiento bloqueando el ver; ese aprender es un proceso ilimitado.

La atención implica todo esto, y su inicio es el darse cuenta; ¿nos damos cuenta de lo que nos rodea mientras estamos sentados aquí, mirándolo todo sin una sola palabra? Darse cuenta. Pero en el darse cuenta empezamos a elegir, «me gusta más esa camisa azul que la mía que llevo puesta», «me gusta más ese corte de pelo que el mío», siempre estamos comparando, juzgando, evaluando, lo cual es elegir; ahora bien, ¿podemos darnos cuenta sin elegir?

¿Lo harán? Si lo hacen, entonces empezarán a descubrir que el darse cuenta es por completo diferente de la concentración. Concentrarse significa focalizar todo el pensamiento en una cuestión, en una página, en una palabra concreta, lo cual implica detener el resto de pensamientos, resistirlos, y eso se convierte en algo estrecho y limitado, de modo que la concentración es limitada. Sin embargo, uno tiene que concentrarse cuando realiza una actividad: cuando lava los platos tiene que lavarlos con cuidado, utilizando la cantidad necesaria de jabón y agua, ya saben todo esto, pero darse cuenta sin elección significa sin concentrarse, sin juzgar, sin evaluar, sin condenar, sin comparar y, a partir de ahí, actuar, eso es atención, una atención que es natural.

Si quiero escuchar la excitante historia de suspense que usted me cuenta, tengo que escucharle con suma atención; si me cuenta algo muy interesante tengo que prestar atención para comprender lo que está diciendo, lo que yo pueda pensar no es relevante porque estoy tremendamente interesado en lo que dice, de manera que estoy por completo atento con todos mis nervios, con todo mi ser, quiero comprender lo que está diciendo.

En esa atención no hay un "yo", ¿lo captan? Cuando existe esa tremenda atención significa que pongo toda mi energía para comprender, dejo de pensar en mí mismo, por eso no hay un centro que diga: «Estoy prestando atención».

Preguntas y respuestas en Brockwood Park, Inglaterra
28 de agosto de 1984

8. ESTAR POR COMPLETO LIBRE DEL MIEDO

Voy a investigar algo totalmente nuevo, y espero que tengan la bondad y la seriedad de escuchar, no que estén de acuerdo o en desacuerdo, sino pensando juntos de forma lógica, cuerda, racional, y con cierto sentido de humildad.

La habilidad se ha convertido en lo más importante en la vida porque es la manera de ganarnos el sustento; las universidades, los institutos, las escuelas están orientados hacia ese propósito, uno ha sido educado con ese propósito, esa habilidad siempre proporciona cierta sensación de poder, de arrogancia, de engreimiento, pero ¿cuál es la relación de la habilidad con la claridad, cuál es la relación de la claridad con la compasión?

En diferentes ocasiones hemos hablado del arte de escuchar, del arte de ver y del arte de aprender. El arte de escuchar es escuchar, y de esa manera natural todo se coloca en su justo lugar. El significado de la palabra "arte" es poner cada cosa en su lugar, y el arte de ver es observar sin ninguna distorsión, como es obvio, si hay distracción no es posible observar. Para ver con claridad, para tener claridad en la percepción no puede haber distorsión, porque la distorsión es la consecuencia de algún motivo, propósito o intención.

El arte de aprender no sólo es acumular conocimientos, lo cual es necesario para poder actuar con habilidad, sino que también es aprender sin acumular. De modo que existen dos clases de aprender: una es adquirir y almacenar conocimientos a través de la experiencia, a través de los libros, a través de la educación, y el cerebro lo registra, lo acumula y lo almacena para luego a partir de esa acumulación de conocimientos actuar, con más o menos habilidad; la otra forma de aprender nunca acumula, es estar tan completamente atento que sólo se registra lo que es estrictamente necesario y nada más, la mente no está todo el tiempo ocupada con los movimientos del conocimiento.

Así pues, hay tres cosas básicas en el despertar de la inteligencia. Está el arte de escuchar sin distorsión y comunicarse no sólo verbalmente, sino también comunicar no verbalmente lo que exactamente queremos decir; está el arte de ver con claridad, sin intención, sin motivo y sin ningún deseo, tan sólo observar; y está el arte de aprender, de acumular conocimientos, lo cual significa registrar todas las cosas que son necesarias para desarrollar con habilidad cierta actividad, pero sin registrar ninguna respuesta, ninguna reacción psicológica, de tal modo que el cerebro sólo actúe cuando es necesario desarrollar cierta actividad con habilidad.

Resulta muy arduo estar tan completamente atento que sólo se registre lo que es necesario sin registrar lo que no es absolutamente imprescindible, y aunque alguien me insulte, me halague, me llame esto o aquello, no registrarlo. Eso proporciona una tremenda claridad para registrar únicamente lo que es necesario y no registrar lo que no es necesario, de manera que no se edifique una estructura psicológica como un "yo", como un ego. La estructura del ego tan sólo surge cuando se registra lo que no es necesario, es decir, se da importancia al nombre, a la forma, a las propias experiencias, opiniones, conclusiones, todo esto acumula energía para el ego, que siempre distorsiona.

Si uno escucha sin ninguna conclusión, sin ninguna opinión, lo cual distorsiona los hechos, descubre lo falso y lo verdadero sin ningún esfuerzo, porque cuando de verdad se presta atención a lo que se escucha, esa misma atención excluye todo lo que no son hechos objetivos; sin embargo, si observa con conclusiones, opiniones, dogmas, creencias, no es posible ver con claridad. En la vida es necesario aprender para actuar con cierta habilidad, pero cualquier otra forma de registrar distorsiona, da excesiva importancia a la habilidad, por tanto, se vuelve mecánica.

El arte de escuchar, de ver y de aprender proporciona extraordinaria claridad, y esa claridad puede comunicarse verbalmente, pero si no hay claridad, la acción de la habilidad genera engreimiento, tanto si este engreimiento se identifica con un grupo, con uno mismo, o con una nación, y como es lógico este engreimiento niega la claridad. Uno no puede tener claridad sin compasión, y debido a que no tenemos compasión la habilidad se ha convertido en algo muy importante.

La claridad desaparece cuando hay cualquier clase de miedo, y la mayoría de los seres humanos tienen mucho miedo, lo cual niega también la compasión; el miedo en cualquiera de sus formas, sea físico o psicológico, distorsiona la claridad, por eso la persona temerosa no es compasiva. Existen varias clases de miedo: miedo de hacerse viejo, de perder al esposo, a la esposa, a los hijos, miedo de no tener éxito; uno no necesita invitar al miedo, siempre está ahí, por tanto, podemos mirar el miedo ahora porque en este momento uno es un ser humano vivo, y los miedos, aunque puedan estar latentes, siguen estando presentes de forma consciente o inconsciente.

El arte de ver, el arte de observar con claridad, tan sólo es posible si uno no quiere deshacerse del miedo, porque en ese caso se convierte en un factor distorsionante. Los diferentes miedos tienen un factor común, es como un árbol con muchas ramas y hojas, el miedo también tiene muchas ramas, muchas hojas, muchas expresiones con sus propios brotes y sus propios frutos, los cuales se convierten en acciones. Así que uno debe ir a la raíz del miedo y no tomar las diversas expresiones del miedo, sino ir a su raíz.

Miren, uno puede tener miedo a la oscuridad, tener miedo de perder a la esposa o al esposo, tener miedo de no poseer suficiente dinero, tener miedo de que se repita algún dolor del pasado, tener miedo de mil cosas, y uno puede afrontarlos de forma analítica, uno por uno, pero eso es una pérdida de tiempo, ¿no es verdad? Sin embargo, resulta mucho más simple y más directo ir a la raíz del miedo.

Creo que la mayoría de nosotros no nos damos cuenta o no somos plenamente conscientes de la naturaleza del miedo y de lo que el miedo hace en los seres humanos; cuando tenemos miedo aparecen una infinidad de actos neuróticos, la mayoría de nosotros nos sentimos solos y, para escapar de esa soledad, buscamos compañía, por eso la compañía se ha vuelto tan importante; y si no tenemos compañía sentimos miedo, o como resultado de esa soledad edificamos un muro a nuestro alrededor donde resistimos, nos evadimos, y de ese resistir, de ese evadirse, de esa represión, surgen todas las diferentes acciones neuróticas. Por eso es tan importante comprender la naturaleza y la estructura del miedo, porque el miedo anula la claridad en uno, y si no tenemos claridad, no existe el despertar de la inteligencia, esa inteligencia que no es suya ni mía, esa inteligencia que tiene su propia acción no mecánica, por tanto, sin causa.

Así pues, es muy importante comprender el miedo y liberarnos por completo de él, ¿se dan cuenta de la importancia y de la necesidad de erradicar los miedos, tanto los miedos conscientes como los miedos de los que no somos conscientes? Uno puede intentar resolver los miedos conscientes con relativa facilidad, pero resulta mucho más complicado liberarse de los miedos que uno desconoce, que están escondidos; por tanto, ¿cómo examinarán los miedos profundamente arraigados, es posible examinarlos? Los psicólogos dicen que es posible hacerlo a través del análisis, de los sueños, de una terapia psicoanalítica cuidadosa, pero el análisis no aclara la mente, a través del análisis no hay claridad, porque cuanto más analice más hay que analizar, y eso puede llevarle toda su vida para, finalmente, ¡no obtener nada!

Vamos juntos a descubrir la verdad del análisis, "la verdad", no lo que usted o yo decimos. En primer lugar, en el análisis hay un observador y lo observado, el analizador y lo analizado; el analizador dice: «Voy a analizar mis reacciones, mis sueños, mis deseos, mis miedos», pero ¿es el analizador diferente de los miedos, diferente de lo que pretende analizar? Debemos tener muy claro este punto: ¿es el analizador diferente de lo analizado? Si dice que es diferente, como lo dice la mayoría de la gente, entonces quedará atrapado en un conflicto permanente, es decir, si el analizador examina sus respuestas, sus celos, su enojo, su violencia, en este examen, en este análisis, el examinador cree que es diferente y, sin duda, esa separación divide y, en consecuencia, surge el conflicto. Si hay división debe haber conflicto, ya sea una división entre dos naciones o una división entre hombre y mujer, eso no quiere decir que la mujer sea igual que el hombre, como es obvio, biológicamente no lo es, pero las ideas, las reacciones acumuladas de cada uno, las imágenes mutuas dividen, y por eso hay conflicto en la relación.

De modo que si analizamos debe haber, inevitablemente, conflicto; por desgracia, a la mayoría nos han educado en el conflicto, así es como vivimos, si no hay conflicto decimos: «¿Estoy haciendo algo mal?»; pero el conflicto es la esencia de la neurosis.

Para analizar se necesita tiempo, pueden ser unos días, unos meses o unos años, siempre que tenga la energía, la capacidad y el dinero para hacerlo, pero aun así, el análisis puede durar indefinidamente, incluso ¡puede parecer algo divertido! Sea como sea, necesita pedir una cita con un experto, contarle todos sus problemas y pagar lo que le pida, pero esto es una pérdida de tiempo, es posponer la solución inmediata del problema. El análisis implica conflicto, implica tiempo, implica nunca terminar con el problema, eso es un hecho; ahora bien, si ve esa verdad, si ve ese hecho, nunca más analizará.

Y bien, ¿qué hará? En lo psicológico, el análisis no sólo genera tiempo y división, sino que cada análisis debe ser completo, ¿no es cierto?, de lo contrario, con ese análisis incompleto que hice ayer examino ahora un nuevo hecho, de esa forma estoy siempre coloreando el presente con el pasado. Si uno se da cuenta de esto con suma claridad, y espero que lo haga, entonces ¿qué hará si no analiza? Si ve la falsedad del proceso de analizar, si realmente se da cuenta de la verdad acerca de que el análisis no conduce a ninguna parte, ¿qué hará, entonces?

Vamos ahora a ver el miedo. La mayoría de nosotros estamos acostumbrados a analizar el miedo, sus causas y sus consecuencias, pero ¿qué hace que uno sienta miedo? De entrada buscamos la causa, eso es un proceso de análisis, pero puede haber miles de causas, o a lo mejor sólo hay una, sea como sea, ese proceso tiene un efecto que se convierte en la causa del próximo miedo, de modo que hay causa, efecto, y ese efecto se convierte en una causa; por tanto, si busca la causa quedará atrapado en una cadena, en una cadena que no tiene salida; eso es parte del análisis.

De modo que uno pregunta: ¿si no analizamos, qué sucederá con el miedo? Puede que haya docenas de miedos, pero nosotros estamos interesados en la raíz y no en las ramas del miedo, porque si podemos arrancar la raíz se acabó, muere todo el árbol; por consiguiente, ¿cuál es la raíz del miedo? Una de las formas del tiempo es la cronología, el tiempo del reloj, las veinticuatro horas, la salida y la puesta del Sol, pero también hay otra forma que es el tiempo psicológico, el tiempo del "mañana" psicológico: solucionaré mis problemas pasado mañana: ahora bien, ¿es el miedo el resultado del tiempo? Si ayer o la semana pasada tuve un dolor, ese dolor queda registrado en el cerebro, y entonces tengo miedo de que ese dolor se repita la semana próxima, sin embargo, si no registro ese dolor no hay miedo.

El miedo existe cuando hay medida, cuando uno se evalúa a sí mismo comparándose con alguien más: «No soy tan inteligente como algún otro y quiero ser como él», «tengo miedo de no lograrlo», todo esto es el movimiento del tiempo, el cual es medida, es comparación. De modo que la medida, el tiempo, la comparación, la imitación generan miedo, y ese tiempo, esa medida, esa comparación son el movimiento del pensamiento, así que el pensamiento es la raíz misma del miedo; por favor, vean la lógica, el razonamiento de esto.

Estamos pensando, examinando, haciendo este camino juntos para descubrirlo. Vemos que el análisis no es la solución, encontrar la causa no es la solución, ni tampoco el tiempo, que es medida, o la comparación son la solución, porque el tiempo es el movimiento del pensamiento; por tanto, el problema es, entonces, no cómo liberarse del miedo o cómo eliminarlo, sino comprender todo el movimiento del pensamiento y ver si realmente podemos olvidarnos de la necesidad de liberarnos del miedo. Estamos adentrándonos en algo mucho más grande, que abarca mucho más, porque si comprendemos el movimiento del pensamiento será algo holístico, completo, y el miedo sólo surge cuando está el "yo", el cual es muy insignificante, no es algo completo.

En el arte de aprender, de ver y de escuchar no interviene el movimiento del pensamiento, no hay ningún movimiento del pensamiento, o sea, si le escucho a usted, si sólo le escucho, ¿por qué debería intervenir el pensamiento? Si únicamente estoy viendo, si estoy observando, en esa observación no interviene el movimiento del pensamiento, tan sólo estoy observando, observando una montaña, un árbol, un río, a la gente, sin ninguna proyección de mi trasfondo, de todo lo acumulado, lo cual es el movimiento del pensamiento. El pensamiento es necesario para acumular conocimientos y poder actuar con cierta habilidad, pero, aparte de eso, el pensamiento no tiene por qué intervenir, y si no interviene, eso genera tremenda claridad, ¿no es cierto? Espero que tengan esa claridad.

Claridad significa que no hay un centro desde el cual uno está actuando, ese centro que el pensamiento ha creado como el "yo", "lo mío", "ellos" y "nosotros", porque si hay un centro debe haber una circunferencia, y si hay una circunferencia, debe haber resistencia, división, y esa es una de las principales "causas" del miedo, causas entre comillas.

De manera que estamos considerando el miedo, estamos considerando todo el movimiento del pensamiento, que es el causante del miedo, porque la claridad sólo es posible cuando el pensamiento no interviene, es decir, cuando el pensamiento se coloca en su justo lugar, actúa en el campo del conocimiento y no interviene en ningún otro campo; de ser así, se eliminan por completo todas las opiniones, los juicios y las evaluaciones, entonces, sólo hay que escuchar, ver y aprender. Pero sin claridad, la habilidad se convierte en la cosa más destructiva de la vida, y eso es lo que está sucediendo en el mundo: hemos ido a la Luna y hemos puesto allí una bandera del país, eso no es claridad; nos matamos unos a otros en las guerras, a través de ese extraordinario desarrollo de la tecnología que no es otra cosa que el movimiento del pensamiento; nos dividimos en razas, en comunidades, etc., pero todo son divisiones creadas por el pensamiento.

El pensamiento es un fragmento, es limitado, está condicionado, es egocéntrico porque está basado en la experiencia, en la memoria, en el conocimiento, todo lo cual es el pasado, es una delimitación del tiempo, y lo que está delimitado por el tiempo, necesariamente es limitado, por tanto, el pensamiento es limitado. El pensamiento nunca puede comprender lo total, nunca puede comprender lo inmensurable, eso que es eterno; uno puede imaginar lo eterno, lo inconmensurable, el pensamiento puede inventar toda clase de estructuras futuras, pero sigue siendo limitado, en consecuencia, "Dios", que es una creación del pensamiento, también es limitado. Me temo que aquellos de ustedes que creen en Dios no se darán cuenta de esto, porque su Dios es el resultado de sus propios pensamientos, miedos y deseos de seguridad.

Por favor, vean esa verdad y la claridad vendrá como el Sol que sale de entre las nubes, vean que el pensamiento es la palabra y que la palabra nunca es la cosa, la palabra es la descripción de una cosa, pero la cosa no es la descripción. Así que el miedo no tiene ninguna razón de ser, no tiene ningún sentido, por eso uno debe descubrir si el pensamiento puede dejar de intervenir definitivamente en este campo y no salirse del campo donde debe registrar.

La función del cerebro es registrar para que tengamos seguridad, para que nos sintamos seguros, y uno se siente seguro, tiene seguridad, en el campo del conocimiento. No es posible vivir sin tener seguridad, uno debe tener comida, ropas y un techo, no sólo para unos pocos sino para todos, pero eso sólo es posible cuando el pensamiento funciona en ese campo y no registra en ninguna otra dirección; de ser así, no hay nacionalidad, no hay un "yo", un "mí", no existe división porque al no registrar la mente está libre para mirar, para observar.

Cuando hay esa claridad, la habilidad nunca se convierte en algo mecánico, porque cualquiera que sea la habilidad siempre se está actuando desde esa claridad que nace de la compasión; uno debe investigar muy profundamente lo que es la compasión. Ya hemos hablado con mucha transparencia de lo que es la claridad y la habilidad, así como del peligro de la habilidad sin tener claridad, de modo que tenemos tres cosas: la compasión, la claridad y la habilidad. Cuando hay compasión no hay división entre la claridad y la habilidad, es un solo movimiento, pero debido a quc estamos atrapados en la habilidad no vemos ese movimiento total.

¿Cuál es la naturaleza y la estructura de la compasión? Para comprenderlo uno debe investigar el placer, el amor, el sufrimiento y la muerte, no puede decir simplemente: «tengo compasión», eso no es compasión. Cuando la mente dice: «soy inteligente», eso no es inteligencia porque es consciente de sí misma, y si es consciente de sí misma, eso no es inteligencia.

Para investigar con profundidad el significado, la trascendencia, la belleza de la compasión, debemos investigar, como ya lo hicimos, no sólo el miedo sino también el placer, ¿es el amor placer, es amar a otro un recuerdo, una imagen? Todo esto está incluido si juntos investigamos el tema de la compasión, y sólo podemos investigarlo si lo hacemos juntos, porque el ser humano no está solo, cada ser humano es la esencia de toda la humanidad, esto es un hecho, es una realidad, no es una invención mía, ni mi deseo de identificarme con el todo.

El hecho categórico es que cada uno de nosotros, como seres humanos después de siglos de existencia, somos los responsables de toda la humanidad que sufre, que agoniza, que derrama lágrimas, que mata y nos matan, que es celosa, rencorosa, ansiosa, que busca placer, que está atrapada en el miedo, uno es todo esto; por tanto, cada uno es el resto de la humanidad, y si hay una verdadera revolución en la consciencia, esa revolución afectará a la consciencia de la humanidad. Esto es un hecho, por eso es tan urgente e importante que cada uno de nosotros escuche, esté dispuesto a escuchar, sea lo suficiente serio para emprender ese viaje juntos; si lo hacemos profunda y radicalmente, si la consciencia cambia su contenido, entonces eso afectará a la totalidad de la humanidad.

Charla pública en Saanen, Suiza
14 de julio de 1977

9. DESPERTAR ENORMEMENTE TODOS LOS SENTIDOS

¿Qué es la belleza? ¿Depende la belleza de un principio, de ciertas normas o, a través de la atención, de la proporción, etc., la belleza es algo por completo diferente? Cuando uno ve las montañas, una cordillera tras otra con el azul del atardecer, o cuando el Sol, antes que otras cosas, las ilumina en el alba de la mañana, la reacción ante este espectáculo es de un gran silencio, uno se mantiene en silencio, hay espacio, enorme espacio entre uno y aquello, y lo de más allá. Al ver esas maravillosas, esas hermosas montañas recubiertas de nieve en contraste con el azul del cielo, por un momento uno permanece en silencio, esa belleza, esa inmensa grandeza, la majestuosidad de las montañas hace que uno permanezca, que esté en completo silencio. Puede decirse que el impacto de la belleza al ver algo tan extraordinariamente grande, de tanta profundidad y magnitud, el impacto de esa belleza eclipsa, por un momento, todos nuestros problemas, dejamos de preguntar, de preocuparnos, de hablar, no hay una entidad, un "ego", un "mí" que esté observando; en ese instante, cuando el "ego" no está presente hay gran belleza.

¿Cuál es el papel del arte en nuestras vidas?, ¿por qué cualquier cosa debe desempeñar un papel en nuestras vidas? El arte más grande es el arte de vivir, no el de pintar, el de esculpir, el de los poemas y la maravillosa literatura, si bien tienen su lugar; descubrir por uno mismo el arte de vivir es el arte más grande, supera cualquier otro rol en la vida.

La armonía de la belleza es la capacidad de percepción, la capacidad de percibir, lo cual significa que uno debe ser realmente sensible, y la sensibilidad viene de la profundidad del silencio. No es aconsejable ir a la escuela o a la universidad para aprender lo que es ser sensible, o ir a que alguien nos enseñe a ser sensibles. No es posible percibir si no hay cierta profundidad de silencio; si uno mira un árbol en silencio hay una comunicación que no es simplemente verbal, sino una comunicación, una comunión con la naturaleza. La mayoría de nosotros hemos perdido esa relación con la naturaleza, con los árboles, con las montañas, con todas las cosas vivas de la Tierra.

Ser sensible en la relación es darse cuenta el uno del otro, y... ¿es eso posible? El arte de vivir es descubrir una forma de relacionarse en la que no exista ningún conflicto, que sea un fluir armonioso de vivir juntos sin todas las peleas, el poseer y el ser poseído, el miedo a la soledad, todo ese ciclo de la lucha humana. El arte de vivir es mucho más importante que el arte de los grandes pintores, el escuchar música, ir a todos los museos del mundo y hablar interminablemente de ellos, o leer libros de arte puede ser un escape de los propios problemas, ansiedades y depresiones.

¿Podemos vivir una vida de sensibilidad y de profunda percepción, dándonos cuenta de lo que decimos, de los ruidos, de la vulgaridad de los seres humanos? Uno aprende mucho más en el silencio que en el ruido, eso puede parecer una ocurrencia, pero no lo es; se necesita que uno mismo se observe con sumo cuidado, y esa observación no es posible si existe cualquier forma de autoridad, de buscar a otro para que nos enseñe cómo observar, tan sólo observar: observar la forma en que caminamos, cómo hablamos, el ruido que hacemos. Entonces, de esa observación surge el arte de vivir.

El arte, como dijimos, es poner las cosas juntas en armonía, es observar las contradicciones en uno, observar esos deseos tan fuertes, observar todo esto y no crear el opuesto, únicamente observar el hecho y vivir con ese hecho. Parece que esa es la forma de crear una vida de armonía.

Espero que miren las montañas y no a mí, quien les habla no es realmente importante, lo que dice puede ser importante o no, pero cada uno tiene que descubrirlo por sí mismo.

¿Qué es importante en la vida?, ¿cuál es la raíz o la esencia básica en la vida? Uno puede observarlo cada vez más en la televisión, en la literatura, en las revistas. En todo lo que está sucediendo, las respuestas que se dan son cada vez más superficiales, más rápidas; si uno tiene problemas acude a los especialistas y ellos le dicen lo que debe hacer, todo se vuelve tan superficial y vulgar, si puedo utilizar esa palabra sin ninguna intención de ser despectivo ni de insultar, pero todo se vuelve tan infantil.

Nunca nos preguntamos cuáles son las cuestiones básicas o cuáles son las necesidades fundamentales para vivir una vida profunda. Sin duda, no son las creencias, los dogmas, la fe, ni todas las tonterías intelectuales, ya sean las ideologías comunistas, la teología católica, Marx, Lenin, o Santo Tomás de Aquino; todas son lo mismo, son teorías, conclusiones e ideologías basadas en la creencia, en la fe, en el dogma y en los rituales, de modo que todo esto se vuelve cada vez más superficial en la vida externa de uno; así es como vivimos, es un hecho, no estoy diciendo nada que no sea cierto.

Tenemos el maravilloso mundo del entretenimiento, de la religión, del fútbol, cualquier cosa para evadirnos, gritar, chillar, y nunca tener una conversación sosegada, nunca mirar algo con tranquilidad, con delicadeza. Así pues, ¿cuál es la cuestión fundamental, la necesidad básica, lo realmente más importante en la vida de uno?

¿Puede el pensamiento darse cuenta de sí mismo? El pensamiento ha creado al pensador separado de su pensamiento, por eso el pensador dice: «Debo observar lo que pienso, debo controlar mis pensamientos, no debo permitir que deambulen». De esa manera el pensador actúa sobre el pensamiento, pero... ¿es el pensador diferente del pensamiento o el pensar, el pensamiento ha creado al pensador? No hay pensador sin pensamiento.

Por favor, es muy importante descubrir por qué existe esa dualidad en nosotros, esa oposición, esa contradicción que dice: «"yo" y el pensamiento», «"yo" y el pensador», «ese que observa y la cosa observada». Es decir, el pensador controla los pensamientos, los moldea, los agrupa en un modelo, pero... ¿es el pensador diferente del pensamiento, no ha creado el pensamiento al pensador?

Seamos lógicos. Aunque sea de forma verbal o intelectual podemos ver con mucha claridad que hay una división entre el pensador y el pensamiento, que el pensamiento ha creado al pensador, siendo el pensador el pasado con todos sus recuerdos, con sus conocimientos agrupados por el pensamiento, el cual interviene después de cada experiencia; y por eso el pensador, siendo toda la actividad del pasado, dice: «El pensamiento es diferente de mí, del pensador», y rápidamente lo aceptamos de forma lógica, intelectual, pero ¿por qué, por qué decimos que lo entendemos intelectualmente, por qué la primera reacción es decir, «lo entiendo intelectualmente»? ¿No es porque nunca miramos la cosa en su totalidad y sólo la miramos intelectualmente? ¿Por qué lo hacemos, es porque el intelecto está más desarrollado, más desarrollado que nuestros sentidos, que nuestra percepción directa?

Por supuesto que es así, y se debe a que desde la infancia nos han enseñado a adquirir, a memorizar, a ejercitar ciertas partes del cerebro para registrar lo que nos dicen y seguir repitiéndolo; por eso cuando encontramos algo nuevo decimos: «lo entiendo intelectualmente», nunca contactamos con lo nuevo de forma completa, como un todo, o sea, con todos nuestros sentidos despiertos, nunca captamos lo total, tan sólo captamos lo parcial, y la actividad de lo parcial es una actividad intelectual; nunca observamos la cosa en su totalidad, decimos: «sí, eso es lógico», y nos quedamos tan tranquilos, nunca nos preguntamos por qué tenemos nuestros sentidos parcialmente despiertos.

Percibir intelectualmente es ser parcialmente sensible, tener los sentidos actuando parcialmente: aunque para fabricar una computadora debemos pensar con el intelecto, no necesitamos incluir las propias emociones o sentimientos, pero uno se vuelve mecánico porque está constantemente repitiendo. Actuamos de igual forma cuando escuchamos algo nuevo, lo entendemos intelectualmente, no lo captamos en su totalidad; si escuchamos una afirmación, nunca la captamos en su totalidad.

¿Por qué nunca contactamos con nada, en especial cuando vemos un árbol, una montaña o el movimiento del mar, con todos nuestros sentidos plenamente despiertos? ¿Es porque siempre vivimos de forma parcial, vivimos en un área muy limitada, en un espacio interno muy reducido? Lo cual es un hecho.

Si observamos, si miramos con todos nuestros sentidos, si lo hacemos, si miramos con todo, con nuestros ojos, con los oídos, con los nervios, con todas las capacidades de nuestro organismo y de nuestro cerebro, entonces no hay un centro como el "yo" que esté mirando.

Estamos preguntando si el pensamiento puede observarse a sí mismo: es una pregunta bastante compleja y hace falta observarla con sumo cuidado. El pensamiento a través del nacionalismo, de las religiones sectarias, ha creado las guerras, ha creado todo esto, no ha sido Dios quien ha creado la jerarquía de la iglesia, al Papa, todas las vestiduras, los rituales, el balanceo del incienso, las velas; toda esa parafernalia en acción que sucede en las iglesias, en las catedrales, es un producto del pensamiento, una imitación que, en parte, viene de los antiguos egipcios, de los antiguos hindús, de los hebreos, pero todo es pensamiento, por eso "Dios" es un producto del pensamiento.

¿Cómo investigarán lo que es el silencio? ¿Qué es el silencio, qué es la paz, es la paz el espacio entre dos guerras? Eso es lo que realmente está sucediendo: decimos que la paz es el espacio entre dos guerras, pero no se trata de esta guerra o la próxima guerra, sino de terminar con las guerras. ¿Es la paz el espacio entre dos ruidos, es la paz el espacio entre dos guerras, es la paz el espacio entre dos disputas?

Y bien, ¿qué es el silencio? El silencio no puede comprarse en una tienda o en una farmacia, quisiéramos poder comprarlo de forma rápida y tenerlo con nosotros, pero no es posible comprar el silencio o la paz; si eso es así, ¿qué es, entonces, el silencio?

El silencio necesita espacio, ¿no es cierto? Puedo estar en silencio en un espacio reducido, aislándome, cerrando los ojos, construyendo una pared a mí alrededor, concentrándome en algún asunto insignificante, y encontrar así cierta paz, cierto silencio; puedo ir a mi estudio, a mi habitación de lectura o a una habitación tranquila y sentarme cómodamente, pero aun haciendo eso el espacio es muy limitado, no sólo en esa pequeña habitación, sino también el espacio en mi cerebro es muy limitado; la mayoría de nosotros nunca nos planteamos estas preguntas, nunca pensamos en todo esto.

¿Qué es, por tanto, el espacio? ¿Es el espacio entre dos puntos, es el espacio una dimensión limitada o el espacio no tiene centro, y por eso no tiene periferia? Mientras tenga un "yo", mientras tenga mis problemas, mis demandas egoístas, mi, mi, mi, eso es muy limitado, porque ese pequeño espacio es una pared que sirve para autoprotegerme, esconderme con el fin de no ser molestado, de no tener complicaciones, de no tener dificultades, etc. Para la mayoría de nosotros, el espacio del ego es el único espacio que tenemos, y desde ese espacio preguntamos qué es el espacio, pero si hay límite no puede haber espacio, eso es todo.

Espacio significa silencio, pero el ruido no tiene espacio. En todo el ruido de las grandes ciudades, en la gente, en toda la música moderna, no hay espacio, en ningún lugar hay silencio, sólo hay ruido, ya sea un ruido placentero o no, pero ese no es el asunto.

Y bien, ¿qué significa tener espacio? El espacio entre dos notas de un piano es muy pequeño, el silencio entre dos personas que han estado peleando y después reanudan la pelea es un espacio muy limitado, es decir, ¿existe un espacio que no tenga límite? No en el cielo, no en el universo, sino en nosotros: tener en nuestra forma de vivir espacio, no imaginarlo, no como algo romántico, sino ese verdadero sentimiento de un espacio inmenso. Seguramente dirán: «Sí, lo entiendo intelectualmente», pero si captan plenamente esta cuestión con todos los sentidos, descubrirán que existe ese espacio inmenso que está relacionado con el universo.

El aprender de uno mismo es infinito, pero el aprender de los libros es muy limitado: todo conocimiento es limitado, no hay un conocimiento completo de nada, incluso los científicos lo admiten; el conocimiento externo es necesario, y esa misma tendencia se mueve hacia lo interno. Los griegos y sus antecesores decían: «conocerse a sí mismo», pero eso no significa que para conocerse uno mismo debamos acudir a alguien más, significa observar lo que estamos haciendo, lo que estamos pensando, nuestra forma de comportarnos, las palabras que utilizamos, nuestros gestos, lo que decimos, la forma como comemos, ¡observar!, no corregir, no decir que es correcto o incorrecto, sino observar. Y para observar debe haber silencio, porque cuando observamos estamos aprendiendo, nos convertimos en el profesor, somos tanto el profesor como el estudiante, no dependemos de nadie más en la Tierra, no existe nadie externamente que pueda liberarnos, sólo existe nuestra propia integridad interna y tener gran humildad para aprender.

Preguntas y respuestas en Ojai, California
17 de mayo de 1983

10. AMOR, LIBERTAD, BONDAD Y BELLEZA SON UNO

Estamos hablando del arte de vivir, creo que debemos investigarlo un poco más. La mayoría de nosotros no le damos mucha importancia a todo esto, difícilmente investigamos la naturaleza de qué es la vida y de cómo vivir nuestra vida cotidiana sin todo ese feo desorden, sin los placeres pasajeros, sin esa cantidad enorme de entretenimientos, tanto religiosos como de cualquier otra clase. Durante años hemos estudiado asignaturas académicas, hemos tardado años en llegar a ser médicos, cirujanos, ingenieros y, finalmente, nunca nos hemos preguntado cómo vivir una vida sin conflicto, sin ninguno de los problemas que tenemos en nuestras desafortunadas vidas. Siempre estamos esforzándonos para alcanzar algo, para llegar a algún lugar, y cuando nos hacen esa pregunta, cuando nos retan, decimos: «Sí, suena muy interesante, pero ¿dígame cómo hacerlo, cuál es el método, el sistema, de forma que pueda vivir una vida tranquila con un sentimiento de dicha, de gran belleza?».

Creo que debemos eliminar el "cómo" de nuestras

mentes, no en asuntos académicos, sino en el mundo psicológico. Si me permiten, con todo respeto, nunca pregunten "cómo", porque sólo les ofrecerán un sistema, un método que se convertirá en una esclavitud, en otra trampa en la cual quedarán atrapados.

Hemos hablado de las guerras, de los seres humanos que desde la infancia son heridos psicológicamente, heridos por sus padres, por sus escuelas, por sus familias, somos gente herida, y eso, inevitablemente, genera miedo. También hemos hablado mucho del miedo y el tiempo, no sólo del cronológico, del reloj, sino del tiempo como un movimiento psicológico para lograr: «soy esto pero quiero ser aquello», «soy violento pero algún día no lo seré»; este constante convertir "lo que es" en "lo que debería ser". es asimismo una forma de tiempo. Para nosotros el tiempo es muy importante, no sólo el tiempo físico de ir de un lugar a otro, sino también el ideal que el pensamiento ha creado, y para alcanzarlo necesitamos tiempo. De modo que somos esclavos del tiempo, y algunos escritores, así como otras personas, se han preguntado si el tiempo puede cesar, si el tiempo puede terminar.

Por favor, les recuerdo cortésmente que estamos juntos investigando con profundidad, con seriedad, y con mucha honestidad, cómo vivir una vida que realmente sea un gran arte, de manera que vamos a investigarlo un poco más. La humildad es necesaria para aprender, ¿no es así?; la humildad, no la modestia ni el aceptar a medias, porque para aprender hace falta mucha humildad, y la mayoría de nosotros no tiene esa cualidad de la humildad; no se trata de la humildad de dar algo a alguien que respetamos, eso no es humildad, eso es meramente aceptar la autoridad y adorar esa autoridad.

La humildad es necesaria para comprender esta extraordinaria complejidad del vivir, humildad y libertad. Todos creemos que somos libres de hacer lo que queramos, de realizar nuestros deseos; uno de los postulados de la sociedad es que cada uno puede hacer lo que exactamente quiere, y eso es lo que hacemos: queremos ser ricos, expresar lo que pensamos, hacer las cosas a nuestra manera, somos muy inflexibles en nuestras opiniones, en nuestras conclusiones, queremos ser libres para elegir, y a eso lo llamamos "libertad", pero esa libertad genera enorme confusión y estragos en el mundo, cada uno expresando sus propios deseos particulares, compitiendo.

¿Qué es la libertad? Por favor, háganse esa pregunta a sí mismos. ¿Es la libertad elegir? Uno es libre para elegir, libre para ir de un lugar a otro, libre para seleccionar diferentes trabajos, si un trabajo no le gusta busca otro, libre para expresarse, libre para pensar lo que quiere y, quizá, manifestarlo en una sociedad democrática, no así en los países totalitarios, allí niegan esa libertad.

Pero ¿qué es la libertad, existe realmente la libertad? Uno de los significados etimológicos de la palabra "libertad" es amor y... ¿consiste el amor en elegir? Debemos descubrir por nosotros mismos lo que es la libertad.

Podemos estar libres de “algo”, del dolor, de la ansiedad, etc., pero ¿existe una libertad que no sea de “algo”? Si la libertad es de algo tan sólo es una reacción, es como un prisionero que dice: «Debo salir de la prisión». Psicológicamente vivimos en una prisión y, cuando esa prisión es dolorosa, desagradable, insatisfactoria, entonces queremos salir de esa prisión, por eso si decimos que queremos estar libres de “algo”, viene a ser lo mismo que estar en la prisión; ahora bien, ¿cuál es esa profunda sensación interna, auténtica, esa inquebrantable libertad que no es estar libre de “algo”?, ¿cuál es esa libertad?

Vamos a investigar juntos qué es la libertad. Todos queremos evadirnos de algo, la mayoría nos sentimos muy solos y nos evadimos a través de varias formas de entretenimiento, sea religioso o cualquier otro, pero ¿es eso libertad o es una reacción? Para descubrirlo uno debe preguntarse: ¿qué es el amor, es el amor una reacción, es el amor atracción, sea sexual o de cualquier otra tipo? Por favor, háganse estas preguntas a sí mismos para encontrar la verdadera respuesta.

¿Cómo encontrarán la verdadera respuesta a esta pregunta? Cuando se plantea una pregunta generalmente la respondemos; si realmente están pensando, investigando esta pregunta, deben responderla, deben encontrar la respuesta a esa pregunta. Lo que estamos haciendo ahora es un diálogo, de modo que respondan a mi pregunta, así tendremos ambas cosas, preguntas y respuestas, respuestas y preguntas. Si mantenemos esa pregunta, si la cuestionamos, si la respondemos con seriedad, con intensidad, entonces en ese proceso usted desaparece y el orador también desaparece, sólo permanece la pregunta, la pregunta en sí misma es la que tiene vitalidad. Hagan la prueba por sí mismos, es como el nuevo brote de una rosa, si la pregunta queda en el aire, por así decirlo, entonces es como ese brote que gradualmente se despliega, se abre y muestra todo su esplendor, de modo que la profundidad de la pregunta tiene su propia vitalidad, su propia energía e intensidad, y eso es un diálogo, no tan sólo aceptar lo que otra persona está diciendo.

Si la libertad no es estar libre de "algo", ¿es la libertad amor, es el amor una reacción? Para la mayoría de nosotros, quizá, el amor puede que no exista, por favor, sólo lo estoy preguntando, no estoy diciendo que sea así. Posiblemente, la mayoría no conoce lo que significa el amor, conocemos la atracción, la ternura, conocemos la lástima, la culpabilidad, el remordimiento, los celos, pero... ¿es todo eso amor? Si no lo es, entonces el amor no es una reacción, es libertad, la cual no surge de una reacción... Es muy importante que lo comprendan, no de forma intelectual o verbal, sino que capten la profundidad y su belleza.

Cuando hablamos del arte de vivir, también debemos preguntar qué es la belleza; si vemos una arquitectura enorme o las catedrales de Europa, los enormes templos y mezquitas del mundo construidas por grandes arquitectos, por grandes pintores, por grandes escultores como Michelangelo, eso es belleza, pero ¿es la belleza un producto de la mano del hombre? Por favor, ejerciten su cerebro para descubrirlo. Un tigre no es el producto de la mano del hombre, ¡gracias a dios!, un árbol solo y solitario en un campo, con toda la dignidad de esa maravilla de un árbol viejo, no es un producto de la mano del hombre; sin embargo, en el momento en que pintan ese árbol se convierte en un producto de la mano, y pueden admirarlo, pueden ir a un museo para contemplar ese árbol pintado por un artista famoso.

Otro aspecto del arte de vivir es comprender la profundidad, la belleza de la libertad y la bondad que tiene; esa cualidad de la armonía en la vida nace de la sensibilidad, nace cuando todos los sentidos actúan, no un sentido concreto, sino todo el movimiento de los sentidos. Sin duda, la belleza existe cuando no está el "yo", cuando yo no estoy hay belleza, cuando el ego no está hay amor.

De modo que el amor, la bondad y la belleza son uno, no están separados, están interrelacionados. La palabra "bondad" está pasada de moda, pero tiene una extraordinaria profundidad, y esa profundidad sólo puede sentirse cuando hay libertad, cuando hay belleza y amor.

¿Qué es el deseo, cuál es la fuente del deseo, de dónde surge el deseo, surge del objeto que percibimos? Si veo un maravilloso automóvil, ¿crea ese ver el deseo? Por favor, presten atención, no estén de acuerdo con lo que dice el orador porque vamos a cuestionarlo todo, de manera que no caigan en la trampa. ¿Crea el objeto el deseo? Al ver una hermosa casa digo: «Dios mío, me gustaría tenerla».

Debemos investigar con mucho cuidado lo que es el deseo, no estamos diciendo que debamos suprimirlo o satisfacerlo, sino que juntos tenemos que descubrir por nosotros mismos, no que alguien nos lo diga, qué es el deseo. Uno ve un objeto, un automóvil, ve a una hermosa mujer o un magnífico árbol en un encantador jardín, y dice: «Caramba, me gustaría tener un jardín así», ¿nos damos cuenta de esa forma de desear? Cuando vemos algo, de ese ver surge una sensación y, a partir de esa sensación, ¿qué sucede? Contactar es parte de la sensación –si han escuchado esto con anterioridad, no lo repitan, porque entonces no tendrá ningún valor–, ver, contacto, sensación y, luego, ¿qué sucede? Vayamos despacio para descubrirlo. Si en un escaparate veo un maravilloso reloj y entro en la tienda, puedo examinarlo, tocarlo, sentirlo, sopesarlo, ver de qué material está hecho y... ¿qué sucede, entonces? Sucede que el pensamiento interviene, crea una imagen y dice: «Me gustaría tenerlo»; es decir, ver, contacto, sensación y, entonces, de inmediato interviene el pensamiento creando una imagen, una imagen que el pensamiento crea de yo teniendo ese reloj, y en ese instante surge el deseo.

Ahora bien, si ve el reloj, ¿puede existir entre ver,

contacto y sensación, un intervalo antes de que el pensamiento lo agarre, lo moldee, le dé forma?, ¿pueden hacerlo? Todo sucede muy rápido, pero si puede ralentizarlo al igual que una película, entonces apreciará los detalles, de modo que amplíe ese intervalo y verá el deseo. Uno es el deseo, uno es la estructura misma del pensamiento y el deseo; por tanto, si se comprende, si se investiga la naturaleza del pensamiento y sus reacciones, puede ralentizar todo el mecanismo para que vaya despacio, o también puede comprenderlo al instante, lo cual requiere atención y pasión para descubrir.

Si comprendemos la naturaleza y la estructura del deseo, podemos descubrir qué es la meditación. Meditar conscientemente, ¿es eso meditación? Sin duda, no lo es, si conscientemente nos sentamos durante veinte minutos por la tarde o al atardecer, eso se convierte en una siesta relajada, muy agradable, confortable y placentera. Y bien, ¿qué es la meditación? Si conscientemente meditamos, si tenemos una dirección, un motivo, un deseo de alcanzar algo, es evidente que eso no es meditación, ¿verdad? Viene a ser lo mismo que si un empleado quiere llegar a ser el gerente, a las dos cosas son lo mismo, una la puede llamar "negocios" y a la otra "un logro religioso", pero son exactamente lo mismo.

Los que meditan, ¿se dan cuenta de esto? Por supuesto que no, significaría que deben "soltar" su disfrute y entretenimiento preferido.

Estamos diciendo que meditar de forma consciente

no es meditación, porque nace de un deseo de alcanzar algo, de convertirse en algo, que no es otra cosa que el ego queriendo ser algo, el ego, el "yo" queriendo ser Dios. Parece tan ridículo, discúlpenme por utilizar esa palabra. Entonces, ¿qué es meditación? Si no medita conscientemente, ¿qué es meditar? La palabra "meditación" significa ponderar, reflexionar, y también medida, esas son partes de la raíz etimológica de la palabra "meditación" en sánscrito. Ahora bien, ¿puede el cerebro dejar de medir? O sea, ser una cosa y querer ser otra, compararme con usted que es más apuesto, más elegante, tiene mejor cerebro, mejores cualidades, más sagacidad, lleva puesta una ropa maravillosa, y yo no soy ni tengo nada de eso, lo cual es medir, es comparar; por tanto, ¿puede dejar de comparar? No diga que sí, deje de comparar y descubra lo que significa vivir sin ningún movimiento de comparación.

Así pues, la meditación no es un acto consciente, deliberado, hay una meditación por completo diferente que no tiene nada que ver con el pensamiento y el deseo, eso quiere decir un cerebro realmente, si puedo utilizar esa palabra, "vacío", vacío de todas las cosas del pensamiento, de lo que la humanidad ha hecho, en el cual hay espacio, porque eso es lo que significa libertad; amor significa eso, enorme espacio, inmenso, y donde hay espacio hay silencio y energía. Si uno está pensando en sí mismo todo el día, como hace la mayoría, entonces está reduciendo esa extraordinaria capacidad del cerebro a ese pequeño asunto que es uno mismo, por eso no tenemos espacio.

Quien les habla no es un especialista del cerebro, pero ha dedicado mucho tiempo a estudiarse a sí mismo y a observar a otros. El cerebro tiene su propio ritmo que no puede cambiarse, sin embargo, cuando el cerebro está en silencio, sin parlotear, en perfecto silencio, entonces surge eso que no es posible medir con palabras, que es eterno, que no tiene nombre.

Así que comprendan que el amor no es una reacción, es libertad, y si hay amor hay una inteligencia que no pertenece al pensamiento, una inteligencia que está fuera del cerebro; la compasión, el amor y la libertad están fuera del pensamiento porque el cerebro está condicionado, no puede abarcarlos.

Charla pública en Bombay, la India
14 de febrero de 1984

11. LA BENDICIÓN DE LA MEDITACIÓN

¿Qué es vivir? No qué debería ser el vivir o la razón de vivir, ni cuál es el significado o el principio sobre el que debería basarse la vida, ni cuál es la finalidad de la vida, sino lo que realmente es vivir ahora, lo que es vivir nuestra vida diaria, lo que en realidad es nuestra vida privada, nuestra vida secreta diaria, porque ese es el único hecho real y el resto de cosas son irreales, ilusorias, teóricas. Así pues, ¿qué es esa vida, nuestra vida, la vida personal de cada uno, la vida del ser humano relacionado con la sociedad, esa sociedad que hemos creado, que hemos establecido todos nosotros? La sociedad nos tiene prisioneros, es decir, nosotros somos la sociedad, somos el mundo y el mundo no es diferente de nosotros, lo cual es, de nuevo, algo muy obvio.

No estamos tratando con abstracciones ni con ideales, lo cual no deja de ser un absurdo, sino con lo que realmente es, con lo que son nuestras vidas, y ¿qué son nuestras vidas? Si uno lo observa, desde el momento en que nacemos hasta que morimos nuestra vida es una constante batalla, una lucha perpetua, con grandes placeres, miedos, desesperación, soledad, la total falta de amor, aburrimiento, repetición, rutina, nuestra vida es una terrible monotonía, un tedio, el aburrimiento de pasar cuarenta años en una oficina o en una fábrica, o siendo un ama de casa, con el placer sexual, los celos, la envidia, el fracaso de no tener éxito o de adorar el éxito.

Así es nuestra atormentada vida; si realmente somos serios y observamos lo que sucede, puede que simplemente nos dediquemos a buscar diferentes entretenimientos, como ir a la iglesia o ir al campo de fútbol, pero ese entretenimiento tiene su propio dolor y sus propios problemas. Una mente superficial que se evade a través de la iglesia y el campo de fútbol, en realidad, no tiene ningún interés; sin embargo, la vida es muy seria, y en esa seriedad también hay mucha alegría, por eso sólo una mente seria es la que vive, la que puede resolver los innumerables problemas de la existencia.

De modo que tal como vivimos la vida diaria es una penuria, nadie puede negar esto: no sabemos lo que hacer, queremos encontrar una manera diferente de vivir, al menos algunos de nosotros lo queremos y lo intentamos, pero antes de hacer el intento, antes de tratar de cambiar, debemos comprender lo que sucede realmente, no "lo que debería ser", debemos tomar en nuestras manos "lo que es" y mirarlo, pero no es posible mirarlo, contactar con ello profundamente si tenemos ideales, si pretendemos cambiarlo; no obstante, si somos capaces de mirarlo tal como es, entonces descubriremos que se produce una cualidad de cambio muy diferente, y eso es lo que ahora vamos a investigar.

Lo primero es ver, no tímidamente, a regañadientes, con dolor o con resistencia, sino ver lo que realmente es nuestra vida en estos momentos, la vida cotidiana, esa vida de penurias; ¿podemos aceptarlo, podemos vivir, estar en contacto profundo y directamente relacionados con eso? Esa es la dificultad, para estar directamente relacionados con algo no debe haber ninguna imagen entre uno y la cosa que observa, porque la imagen es la palabra, el símbolo, los recuerdos de lo que sucedió ayer o hace miles de ayeres. Es decir, para exponerlo de forma sencilla, esa relación que uno tiene con la esposa, con el esposo, es una relación basada en una imagen, y esa imagen es una acumulación de muchos años de placer, de sexo, de reprimendas, de monotonía, de repetición, de dominio, etc., cada uno tiene una imagen del otro y el contacto entre esas dos imágenes es a lo cual llamamos "relación", pero como es obvio, eso no es relación, aunque nosotros lo aceptemos como relación, porque no hay contacto directo con el otro ser humano.

De la misma forma no hay contacto directo con la realidad, con "lo que es", siempre está el observador y la cosa observada, siempre hay esa división entre ambos. Puede parecer algo complejo, pero si escuchan pacientemente, no lo es, esa división, esa pantalla intermedia, es la palabra, los recuerdos, es el espacio donde se desencadenan todos los conflictos, ese espacio es el ego, es el "yo", y ese "yo" es la acumulación de imágenes, de recuerdos, de pensamientos de miles de años; por tanto, no hay un contacto directo con "lo que es", sino todo lo contrario, condenamos "lo que es", racionalizamos "lo que es", lo aceptamos o lo justificamos, todo lo cual son expresiones verbales, por eso nunca estamos en contacto directo, nunca comprendemos y resolvemos "lo que es".

Lo expondré muy brevemente y espero que se vea más claro. Uno está condicionado a aceptar la envidia, siendo la envidia medida, comparación: alguien es más brillante, más inteligente, tiene éxito, es aplaudido, y alguien más, yo, no tengo eso. A través de la comparación, de la medida, desde la niñez hemos cultivado la envidia; la envidia relacionada con un objeto, con algo que está fuera de uno, y cuando vemos ese algo surge la envidia, o sea, la envidia es el observador, esta división entre el observador y lo observado no existe, el observador es la envidia, y el observador no puede hacer nada con la envidia porque él es la causa y el efecto de la envidia. En consecuencia, "lo que es"; nuestra vida cotidiana con todos sus problemas, miedos, envidias, celos, desesperación y la soledad interminable, no es algo diferente del observador que dice: «Me siento solo», ese observador es la soledad, es la envidia, el miedo, por eso el observador no puede hacer nada con "lo que es". Lo cual no significa que uno deba aceptar "lo que es", no significa que deba conformarse con "lo que es", sin embargo, cuando no hay conflicto con "lo que es", el conflicto generado por la división entre el observador y lo observado, entonces no hay ninguna resistencia en contra de "lo que es", y uno descubre que se produce una transformación por completo diferente.

Descubrir por uno mismo toda la estructura y la naturaleza del observador, que no es otra cosa que uno mismo, es meditación. El observador es lo observado, que es parte de uno; darse plena cuenta de esto, de la unidad de ambos, es meditación, en la cual no hay ningún conflicto y, en consecuencia, se produce una disolución, un ir más allá de "lo que es".

Seguramente se preguntarán, ¿qué es el amor? Vamos juntos a considerar lo que es el amor. Como saben, esa palabra está tan recargada, tan manoseada, tan estropeada por los políticos, por los sacerdotes, por las revistas que hablan constantemente de ella, pero... ¿qué es el amor? No lo que debería ser, no como un ideal, ni como algo supremo, sino el amor que nosotros tenemos, ¿qué es ese amor? En las cosas que conocemos y llamamos "amor" también hay odio, celos, tremenda aflicción, no estamos siendo cínicos, simplemente estamos observando "lo que es" esa cosa a la que llamamos "amor". ¿Es el amor odio, es el amor celos, es el amor posesividad o dominar a la esposa o al esposo?

Decimos que amamos a la familia, a los hijos, pero ¿aman a sus hijos? Si los amaran con todo su corazón y no con sus pequeñas y mezquinas mentes, ¿creen que mañana habría una guerra? Si amaran a sus hijos, ¿los educarían para que se amoldaran a esa sociedad corrupta, los adiestrarían, los forzarían para que aceptaran el orden establecido? Si realmente amaran a sus hijos, ¿permitirían que los mataran en las horribles guerras? Al considerar todo esto, vemos que no hay amor en absoluto, porque el amor no es sentimiento, no es una tontería emocional y, sobre todo, el amor no es placer.

Sabemos lo que es el placer porque, para nosotros, el amor, el sexo y el placer van juntos: cuando hablamos de amor nos referimos al disfrute del sexo, del placer, pero en eso también está implicado el dolor y la aflicción. Por favor, tengan presente que no estamos negando el placer, hay un gran placer en ver una montaña resplandeciente por la puesta de Sol, en ver los maravillosos árboles que han sobrevivido a los fuegos, en ver cómo las lluvias lavan el polvo de muchos meses, en ver las estrellas; sin embargo, para nosotros esto no es placer, sólo nos interesamos en el placer que surge de lo sensorial, de lo intelectual, de lo emocional, etcétera.

El placer, como el miedo, es un producto del pensamiento. Ayer tuve una experiencia mientras permanecía en un valle tranquilo, observando las maravillosas colinas en silencio, en ese momento sentí una gran satisfacción y placer, pero, luego, interfiere el pensamiento y dice: «¡Qué interesante sería volverlo a repetir!». El placer es pensar en esa experiencia de ayer, ya sea la experiencia de mirar un hermoso árbol, el cielo, las colinas o pensar en el sexo que tuve la noche pasada, el pensamiento, el pensar en eso que ayer disfruté, al darle vida, al crear una imagen, es el inicio del placer. También es posible pensar en lo que puede suceder mañana: en un placer que no lograré tener, o que puedo perder el empleo, tener un accidente, enfermar, ese pensar genera dolor, genera miedo.

De modo que el pensamiento crea tanto el miedo como el placer, y para nosotros el amor es asimismo pensamiento, porque según nosotros el amor es placer, pero el placer es un producto del pensamiento, el pensamiento lo nutre, lo cual no sucede en el instante de ver la puesta de Sol o del acto sexual, sino que el placer surge cuando pensamos en ello. El amor para nosotros es un producto del pensamiento, algo que el pensamiento nutre, que fomenta y prolonga como placer; si uno lo mira detenidamente, eso es un hecho obvio, no se puede negar.

Así pues, uno pregunta: ¿es el amor pensamiento, puede el pensamiento cultivar el amor o sólo puede cultivar el placer? Sin lugar a dudas, el pensamiento puede cultivar el placer, pero no puede, bajo ninguna circunstancia, cultivar el amor, como tampoco puede cultivar la humildad. El amor no es placer, el amor no es deseo, pero el deseo y el placer no deben negarse. Cuando uno mira el mundo, la belleza de un árbol o de un rostro, en ese instante hay gran placer, hay disfrute, pero cuando interfiere el pensamiento genera un espacio y un tiempo en el cual el recuerdo y el placer crecen. Si se dan cuenta de esto, si comprenden la estructura y la naturaleza del placer en relación con el amor, siendo esa comprensión parte de la meditación, entonces descubrirán que el amor es algo por completo diferente; en consecuencia, amarán realmente a sus hijos, crearán un nuevo mundo: si conocen el amor, hagan lo que hagan, será algo correcto; tan sólo cuando persiguen el placer, como lo están haciendo ahora, todo se vuelve un completo error.

Está además el problema de la muerte. Hemos considerado lo que realmente es el vivir diario, hemos hecho un viaje profundo dentro de nosotros mismos para descubrir lo que es el amor, pero también debemos descubrir cuál es el significado de la muerte, porque comprenderemos este enorme problema si sabemos cómo morir, y, en ese caso, lo que sucede después de la muerte, lo que hay más allá, es algo irrelevante. Así que vamos a investigarlo.

La muerte es inevitable; cualquier máquina, cualquier organismo que está en permanente uso, sin duda, tiene un tiempo limitado, ya sea por viejo o por una enfermedad, por eso la vejez nos horroriza. No sé si han observado cómo en otoño las hojas caen del árbol, cuánta belleza hay en eso, qué colores tan hermosos, qué delicadeza tienen, una hermosura que con facilidad destruimos, pero en nosotros, si nos miramos a medida que nos hacemos mayores, hay hipocresía, deterioro, falsedad. La vejez se convierte en un problema porque no hemos vivido correctamente nuestra juventud, nuestra madurez, siempre hemos estado temerosos, nunca hemos vivido, tenemos miedo del vivir y el morir, por eso cuando nos hacemos mayores nos suceden estas cosas.

Vamos a descubrir qué significa morir. Sabiendo que el organismo tiene un tiempo limitado, y sabiendo que la mente se desespera ante ese final, es inevitable que busquemos una esperanza, alguna teoría confortable de la resurrección o la reencarnación. Como saben, toda Asia está familiarizada con esa teoría de aceptar la reencarnación, hablan y escriben mucho sobre esto, basan toda su vida en la esperanza de una nueva vida futura, pero se olvidan de una cosa importante y definitiva: si van a nacer en una vida futura, deben vivir correctamente la vida de ahora, por tanto, tiene una importancia tremenda lo que hacen en esta vida, cómo la viven, qué piensan, cómo hablan, cómo funciona su pensamiento, porque si ahora no viven correctamente, en la próxima vida tendrán que pagar ese vivir incorrecto, lo cual será el castigo. Parece que se olvidan de esto, se entretienen hablando de la belleza de la reencarnación, de la justicia, y de todas esas tonterías tan triviales.

De modo que no escapemos de los hechos con teorías, más bien afrontemos los hechos sin miedo, y entonces, sabiendo que el organismo morirá, ¿qué significa morir psicológicamente, internamente? Cuando llega la muerte no hay argumentos, de nada sirve decir: «Por favor, espera unos pocos días más, no he terminado de escribir mi libro, aún no he llegado a ser el gerente de la organización, no he conseguido ser arzobispo, espera un poco», no puede pactar con la muerte. Así que uno debe descubrir interna, psicológicamente, qué es morir, es decir, terminar con todo el pasado, con todos los placeres, los recuerdos que valora, todas las cosas a las que se aferra, morir cada día, no en teoría sino de verdad, morir al placer que tuvo ayer, lo cual significa morir de inmediato a ese placer ahora, no darle continuidad. Si se vive de esa manera, la mente se renueva constantemente, se mantiene joven, inocente, vulnerable, y eso es meditación.

Si uno ha puesto los cimientos de la virtud, que es orden en la relación, y si existe esa cualidad de amar y de morir, que es la totalidad de la vida, entonces, de forma natural, sin esfuerzo, disciplina, control o represión, la mente se vuelve extraordinariamente sosegada y silenciosa, con un silencio que tiene una riqueza inmensa. Más allá, no hay palabras ni descripción posible, en ese momento la mente ha dejado de investigar lo absoluto, ya no hay nada que investigar porque en ese silencio está “lo que es”.

Todo esto es la bendición de la meditación.

Charla pública en la Universidad de Claremont,
California
17 de noviembre de 1968

12. LA VIDA SE CONVIERTE EN ALGO MARAVILLOSO

Está el arte de escuchar, el arte de aprender y el arte de percibir. El arte de escuchar no sólo es escuchar palabras, el simple hecho de escuchar palabras es muy diferente del arte de escuchar, porque el arte de escuchar significa estar realmente atento y no interpretar, no estar de acuerdo o rechazarlo, sino escuchar lo que la otra persona está diciendo, sin interpretar lo que dice, sin proyectar las propias conclusiones, prejuicios, valoraciones, es estar escuchando realmente. Para eso hace falta mucha atención, una atención en la cual uno, el que escucha, desaparece, y tan sólo hay atención. Si escuchamos con atención no hay un estar de acuerdo o en desacuerdo, sino que permanecemos en un estado de atención, es escuchar no sólo lo que dice quien les habla, sino también a la esposa, al esposo, lo cual es mucho más difícil porque uno se ha acostumbrado al otro. Por suerte, no conocen al orador y el orador no les conoce a ustedes, por tanto, ambos podemos escucharnos sin prejuicios, y eso significa gran sensibilidad para tener todos los sentidos activos, de tal forma que puedan escuchar completamente. Si uno puede escuchar con esa atención, se produce cierto milagro, porque no está escuchando una opinión opuesta a otra o un argumento opuesto a otro; y por muy razonable, por muy raro, o por muy ilusorio que parezca, en ese escuchar hay silencio.

Escuchar es hacerlo con los sentidos de forma natural, no sólo escuchar con los oídos, sino con todos los sentidos despiertos, de tal manera que en ese momento uno no existe, únicamente hay sonido. El sonido tiene una gran importancia en la vida, existe el sonido del mar, el sonido de la voz del esposo o de la esposa, el sonido entre las hojas, el sonido de las olas, y el sonido de un árbol que permanece completamente inmóvil; el sonido tiene una importancia extraordinaria.

Existe también el arte de aprender, que no es sólo acumular datos en la memoria. Cuando vamos a la escuela cultivamos la memoria: aprendemos matemáticas, biología, física, etc., recibimos mucha información, el cerebro registra toda esa información, almacena los conocimientos de matemáticas, de geografía, de historia, o lo que sea, y ese conocimiento queda almacenado en el cerebro con el fin de utilizarlo, con más o menos habilidad, para ganarnos el sustento. De manera que el conocimiento es algo estático, podemos añadir o eliminar conocimientos, pero el núcleo es estático, no es dinámico, porque en aquello que es dinámico no es posible añadir o eliminar nada, el dinamismo es algo innato, mientras que el conocimiento, no, el conocimiento es una simple acumulación de información, de conclusiones y de muchas experiencias, pero todo lo que se acumula no es dinámico, mientras que lo dinámico es como un río que fluye.

Si uno quiere ser un ingeniero necesita acumular conocimientos, es imprescindible, pero eso es añadir más información a la que ya se tiene, y el conocimiento de forma gradual se vuelve estático; sin embargo, en el acto de aprender uno está en constante movimiento, nunca permanece en el mismo lugar; aprender es comprometerse ahora con lo que se ha dicho y descubrir por uno mismo si es verdadero o falso, y si es verdadero, entonces actuar.

En el mundo, en la vida cotidiana, la teoría y la acción no tienen nada que ver la una con la otra, no obstante, estamos llenos de teorías, de probabilidades, de posibilidades, decimos una cosa y hacemos otra diferente, ya conocen este juego a que jugamos. Ahora bien, aprender abarca la totalidad, no sólo un fragmento, como el conocimiento, aprender es un movimiento igual que el impresionante fluir de un río.

Y también está el arte de percibir. Percibir no es del tiempo, percibir es diferente de ver porque el ver y poner en práctica lo que hemos visto necesita cierto tiempo: veo lo que debería hacer y lo haré, por tanto, hay un espacio, un intervalo de tiempo; cuando vemos algo que debe hacerse, uno lo piensa, lo argumenta, lo prueba, mira si es o no conveniente, si es beneficioso, etc., todo eso significa un intervalo de tiempo antes de actuar.

Por el contrario, percibir es ver y actuar, de modo que no hay ningún intervalo entre el ver y el actuar: si capto, si percibo que no debo ser hindú porque una de las razones de ser hindú es la seguridad y esa es una de las causas de la guerra, así como el nacionalismo y el espíritu tribal son también otras causas de la guerra, cuando lo veo, cuando percibo que es verdad, en consecuencia, dejo de ser hindú. Si ven el peligro de ser musulmán, hindú, budista, cristiano, etc., actuarán de inmediato, igual que actúan de inmediato cuando ven una cobra.

Así pues, existe el arte de escuchar, el arte de aprender y el arte de percibir; si uno vive con estas artes, entonces la vida se convierte en algo maravilloso. Sin embargo, para eso hace falta mucha sensibilidad, cuidado y atención.

Charla pública en Chennai, la India
7 de enero de 1984

13. EL ARTE DE MORIR

Como saben, en todo el mundo hay muchas personas que tienen miedo a la muerte, ese es uno de los principales miedos que tenemos en la vida; sabemos que todos moriremos, tanto usted como yo, esa es una verdad absoluta, nadie puede escapar. Podemos vivir más años si uno no malgasta las energías, si lleva una vida simple, sana, racional, pero, sea cual sea la clase de vida que haga, la muerte es algo inevitable, es un hecho.

¿Puede afrontar ese hecho? Usted morirá, igual que lo hará el orador, pero ¿quién es "usted"? ¿Quién es "usted", señoras y señores, quiénes son? Tienen recuerdos, cierta posición, ciertas capacidades, cierta cuenta bancaria, también tienen falta de honestidad, confusión, ansiedad, soledad, son todo eso, ¿verdad? Sean sinceros y honestos, son así, y estamos preguntando, ¿cuál es el arte de vivir si sabemos que vamos a morir?, ¿cuál es el arte de vivir si uno no tiene miedo a la muerte?

Vamos a investigarlo, no intelectualmente, no de forma teórica, sino de verdad, para saber lo que significa morir; no estamos recomendando el suicidio. Ciertos filósofos, los existencialistas y otros, dicen que la vida es un constante subir y bajar una colina, subir la colina y después de alcanzar cierta altura regresar hacia abajo, dicen que esa clase de vida no tiene ningún significado, por tanto, mejor suicidarse. Sin embargo, nosotros no decimos que esa sea la forma de vivir, ese no es el arte de vivir, y nos preguntamos a nosotros mismos: ¿por qué tenemos miedo a la muerte? Mientras somos jóvenes, viejos, etc., ¿por qué existe este tormento y tenemos tanto miedo, consciente o inconscientemente? El miedo a la muerte también es sufrimiento, sufrimiento por dejar la familia, por dejar las cosas que hemos acumulado.

De manera que el arte de vivir no es sólo descubrir cómo vivir nuestra vida diaria, sino también descubrir el significado de la muerte mientras vivimos. ¿Qué es la muerte? El organismo biológico muere debido a una enfermedad, a la vejez, a un accidente, a cierta desgracia, pero ¿qué queremos decir por morir? Si podemos comprenderlo, entonces la vida y la muerte pueden convivir juntas, la muerte dejará de estar al final cuando el organismo llegue a su fin, y viviremos con la vida y la muerte conjuntamente.

Háganse esa pregunta a sí mismos, si es posible vivir con la muerte, si pueden vivir el arte de vivir viviendo con la muerte. Para descubrirlo deben averiguar qué es el vivir, lo cual es mucho más importante, es vivir y morir antes del desenlace final. La mayoría está interesada en lo que sucede después de la muerte, si hay reencarnación y todas esas tonterías, pero nunca se interesa en el vivir, que es mucho más importante, es todo un arte, porque cuando se vive correctamente la muerte también es parte de ese correcto vivir y no se posterga al final de una vida estúpida.

Y bien, ¿qué es el vivir? Podemos discutirlo, tener un diálogo, pero cada uno de nosotros tiene que responder a esa pregunta por sí mismo. ¿Cómo vive su vida, cuál es su vida diaria, su forma de vivir? Seguramente, es una larga serie de diferentes vidas cotidianas, ¿cómo son esas vidas? Dolor, ansiedad, inseguridad, incertidumbre, ciertas ilusiones devocionales hacia alguna entidad que hemos inventado, hacia una existencia imaginaria, inverosímil, es una vida basada en fantasías, en tener fe, en tener una creencia, eso es todo lo que somos; estamos apegados a nuestra casa, a nuestro dinero, a nuestra cuenta bancaria, a nuestra esposa, a los hijos, estamos apegados, esa es nuestra vida. Vivimos en lucha constante, en permanente esfuerzo, inquietud, dolor, soledad, sufrimiento, así es cómo vivimos, y tenemos miedo de perderlo, por eso decimos: «Amigo mío, no puedes llevarme contigo». A pesar de decir eso, uno tiene que dejar el dinero, la familia, el conocimiento, las creencias, la muerte dice que hay que dejar todo esto, ¿están de acuerdo o niegan que sea así? Afronten el reto.

La muerte dice: «Cuando venga, tienes que acompañarme». Entonces, ¿es posible, mientras vivo, soltar? ¿Soltarán? Estoy apegado a mis muebles, los abrillanto, los cuido, no quiero perderlos, son míos, son parte de mí, si estoy apegado a un mueble, ese mueble forma parte de mí; sin embargo, la muerte dice: «Amigo mío, no puedes llevarte esa mesa contigo». Por tanto, ¿puedo estar por completo libre, totalmente libre del apego a ese mueble? Eso es morir, es estar viviendo y muriendo todo el tiempo.

Dese cuenta de la belleza de todo esto, de la libertad, de la energía, de la capacidad que aporta, todo lo contrario de si está apegado, porque surge el miedo, la ansiedad, la inseguridad, la incertidumbre, el temor, que generan sufrimiento.

El sufrimiento es parte de la vida, todos hemos sufrido, hemos derramado lágrimas, ¿no ha derramado lágrimas usted? Su esposo no la cuida, ambos se están utilizando mutuamente y, de pronto, al darse cuenta de lo dañino que es esto empieza el sufrimiento. A lo largo de la historia, unos se han matado a otros en nombre de la religión, en el nombre de Dios, en el nombre de la nación y, como consecuencia, la humanidad ha sufrido enormemente, nunca ha sido posible solucionar este problema, nunca se ha solucionado el sufrimiento. Ahora bien, si hay sufrimiento no hay amor; en el sufrimiento sólo hay autocompasión, así como también miedo a la soledad, a la separación, a la división, al remordimiento, a la culpabilidad, todo esto forma parte de la palabra "sufrimiento". Nunca hemos solucionado este problema, lo soportamos, derramamos lágrimas, durante el resto de nuestras vidas llevamos en la memoria los recuerdos del hijo, del hermano, de la esposa o el esposo; entonces, ¿es posible terminar con el sufrimiento o debemos cargar este lastre por los siglos de los siglos? Descubrirlo también forma parte del arte de vivir, y el arte de vivir es no tener miedo, no sufrir.

Uno de nuestros problemas en la vida es ver si existe la posibilidad de vivir sin sufrimiento. ¿Qué es el sufrimiento? Si mi hijo muere, algo se desgarra dentro de mí, especialmente en una mujer: lo ha llevado en su barriga, ha dado a luz, lo ha alimentado, ha cuidado de él, está todo ese dolor, también el placer, la dicha de ser madre, pero finalmente terminan matándolo, muere por su país, ¿por qué permiten eso?

Así pues, ¿qué es el sufrimiento, se debe a que mi hijo ha muerto y nunca más regresará? Puedo pensar que me reuniré con él en la próxima vida, pero el hecho es que ha muerto, no obstante, lo llevo en la memoria, guardo cerca de mi corazón una fotografía de él, vivo con ese recuerdo, derramo lágrimas, no puedo olvidarlo; aun así, nunca investigamos el sufrimiento, el dolor, nunca preguntamos si es posible terminar con él, no al final de la vida de uno, sino ahora, hoy.

¿Es la autocompasión la causa del sufrimiento, es porque su hijo era joven, vital, tierno, y ahora está muerto, es porque estaba apegado a él? Afronten todo esto. ¿Qué es el apego, ese apego a una mujer, a un hijo? ¿Qué quiere decir con "mi hijo"? Sea razonable, lógico, ¿qué es su hijo? Tenía una imagen de él, quería que fuera algo en la vida, era su hijo, estaba sumamente apegado porque él se ocupaba de sus negocios, era muy eficiente para hacer más dinero, y usted le tenía cierto cariño, no digamos que era amor, sino cierta calidad de afecto. Si amaran a sus hijos, se ocuparían de que tuvieran otra clase de educación, de formación, no que siguieran sus pasos, porque él pertenece a una nueva generación y esa nueva generación puede que sea por completo diferente de la de ustedes; espero que ellos sean una nueva generación. Usted también quería que él fuera de la nueva generación, que fuera una clase de persona totalmente distinta de usted, y quería que heredase su dinero, sus pertenencias, su casa, etc., pero como murió, todo se vino abajo, ¡qué cruel es todo esto! Esa es una de las causas del sufrimiento.

Y la muerte, por supuesto, es el último sufrimiento; sin embargo, si uno vive con la muerte y la vida juntas, entonces no hay ninguna alteración, cada día uno encarna de nuevo, no "uno", algo nuevo encarna cada día, y en eso hay una gran belleza, eso es creación, y hay enorme libertad. La raíz etimológica de la palabra "libertad" es amor, el arte de vivir y el arte de morir, juntos, crean inmenso amor, y el amor tiene su propia inteligencia, no la inteligencia astuta de la mente, sino una inteligencia que no pertenece al cerebro.

Charla pública en Bombay, la India
11 de febrero de 1984

14. EL VER ES LA ÚNICA VERDAD

Es muy importante observar, en realidad es un arte en el cual uno debe prestar mucha atención. Por lo general vemos de forma parcial, nunca vemos las cosas completamente, con toda nuestra mente y con la plenitud de nuestro corazón, y a menos que aprendamos este extraordinario arte, me parece que seguiremos funcionando, viviendo, con una parte muy pequeña de nuestra mente, con un pequeño segmento de nuestro cerebro.

Por varias razones nunca vemos las cosas completamente, porque estamos tan interesados en nuestros problemas, tan condicionados, tan fuertemente cargados de creencias, de tradición, del pasado, que todo esto nos impide ver y escuchar. Nunca vemos un árbol, sólo lo vemos a través de la imagen que tenemos, de un concepto que retenemos de ese árbol, pero el concepto, el conocimiento, la experiencia, sin duda, son muy diferentes del árbol en sí mismo; miren un árbol y se darán cuenta de la enorme dificultad de verlo completamente, verlo sin ninguna imagen, sin ninguna evaluación que interfiera en ver el hecho real del árbol. Cuando digo completamente me refiero a verlo con toda la mente y el corazón, no con una parte, pero somos muy emocionales, sentimentales e intelectuales, lo cual nos impide ver el color, la belleza de la luz, los árboles, los pájaros, nunca estamos en contacto directo con nada de todo esto.

Tengo mis serias dudas de que estemos en contacto directo con algo, incluso con nuestras propias ideas, pensamientos, motivos, impresiones, siempre observamos a través de una imagen, incluso cuando nos observamos a nosotros mismos.

Es muy importante comprender que el acto de ver es la única verdad, no cualquier otra cosa: si sé cómo mirar un árbol, un pájaro, un rostro agradable o la sonrisa de un niño, si lo hago, no tengo que hacer nada más. Sin embargo, ese ver el pájaro, la hoja, o escuchar el canto de los pájaros, en realidad, se vuelve un imposible debido a la imagen que he elaborado, no sólo de la naturaleza, sino de las personas, y estas imágenes, sin duda, nos impiden ver y percibir; el percibir es por completo diferente del sentimentalismo y la emotividad.

Como decíamos, todo lo vemos de forma fragmentaria, desde la infancia nos han enseñado a mirar, a observar, a aprender, a vivir en fragmentos, y nunca contactamos o nos damos cuenta de que la mente tiene una enorme extensión, la mente es inmensa, inconmensurable. Pero nunca contactamos con esto, no conocemos esa cualidad porque nunca miramos nada de forma completa, con toda nuestra mente, con nuestro corazón, con nuestros ojos, con nuestros oídos; lo realmente importante para nosotros es la palabra, el concepto, y no el acto de ver y de actuar. Pero el vivir conceptual, es decir, tener un concepto, una creencia, una idea, nos impide ver y actuar, por eso decimos que tenemos problemas cuando actuamos, no sabemos si hacer o no hacer porque las dificultades surgen entre el concepto y la acción.

Por favor, pongan atención a lo que estoy diciendo, no escuchen simplemente palabras, sino obsérvense a sí mismos, utilicen al orador como un espejo en el cual pueden verse a sí mismos; lo que el orador dice tiene muy poca importancia, el orador en sí mismo no es importante en absoluto, lo importante es lo que capten al observarse a sí mismos, porque eso puede traer una verdadera revolución, una completa mutación de la mente, de la forma de vivir, de nuestros sentimientos, de nuestras actividades en la vida cotidiana. Esa revolución fundamental y profunda tan sólo es posible que se produzca si uno sabe observar, porque si sabe hacerlo, entonces observará no sólo con los ojos y los nervios, sino también observará con el corazón y con la mente, pero no es posible ver de esa forma completa si uno vive, funciona, piensa y actúa desde un fragmento de esa mente total.

Miren lo que está sucediendo en el mundo, estamos condicionados por la sociedad, por la cultura en la cual vivimos, y la cultura es un producto de la humanidad, no hay nada sagrado, divino, eterno en la cultura. La cultura, la sociedad, los libros, la radio, todo eso que vemos y escuchamos, las múltiples influencias que recibimos, tanto conscientes como inconscientes, nos estimulan a vivir en un pequeño fragmento de este enorme campo de la mente.

Vamos a la escuela, a la universidad, allí aprendemos una técnica para ganarnos la vida y, luego, los siguientes cuarenta o cincuenta años dedicamos nuestra vida, nuestras energías y pensamientos a este pequeño campo especializado; sin embargo, existe ese enorme campo de la mente y a menos que generemos un cambio radical en esa pequeña área no será posible ninguna revolución. Puede que haya ciertas, así llamadas, modificaciones económicas, sociales o culturales, pero los seres humanos seguirán sufriendo, seguirán padeciendo conflicto, dolor y angustia.

Uno puede que sea un abogado brillante, un excelente ingeniero, un artista, un gran científico, pero siempre permanecerá dentro de este fragmento de la totalidad. De hecho, podemos ver que sucede exactamente esto, los comunistas lo están haciendo, los capitalistas, los padres, las escuelas, la educación, todos están moldeando la mente para que funcione dentro de cierto patrón, de cierto fragmento, y nuestro único interés es producir pequeños cambios dentro de ese patrón, de ese fragmento.

¿Cómo puede uno darse cuenta, no de forma teórica ni como una simple idea, sino ver la verdad, ver ese hecho? El hecho es lo que diariamente sucede, es lo que dicen los periódicos, los políticos, la cultura, la tradición, la familia; si lo ven, entonces se cuestionarán a sí mismos, estoy seguro de que lo harán, por eso es tan importante comprender lo que significa ver. Si de verdad ven la fragmentación la siguiente pregunta será: «¿Es posible que actúe la totalidad de la mente?». No me refiero a un fragmento, a una mente condicionada, educada, sofisticada, temerosa, a una mente que dice: «Dios existe o Dios no existe», «esa es su familia o mi familia, esa es su nación o mi nación».

Más bien debería preguntarse si puede actuar la totalidad de la mente, si puede funcionar de forma completa, incluso cuando está aprendiendo una técnica, cuando convive en relación con los demás o dentro de esa sociedad tan desordenada. Tengan eso presente, uno debe hacerse esa pregunta fundamental: «¿Cómo puede la mente ser totalmente sensible, de manera que los fragmentos se vuelvan también sensibles?».

En la actualidad no somos sensibles, aunque en ese fragmento haya ciertos pedacitos que son sensibles, pero cuando se contradice nuestra personalidad, nuestra idiosincrasia particular, nuestros placeres, entonces empieza una batalla. Somos sensibles en ciertos fragmentos, en ciertas áreas, pero no somos totalmente sensibles, por eso planteamos la siguiente pregunta: ¿cómo puede un fragmento, que es parte del todo, que debido a la repetición diaria se ha vuelto insensible, cómo puede también ser sensible igual quc el todo?

Nunca nos formulamos esa pregunta porque estamos satisfechos de vivir con nuestros pequeños problemas y conflictos en ese fragmento que forma parte del campo de la vida, valoramos la maravillosa cultura de ese pequeño fragmento en oposición a otra cultura, y ni siquiera nos damos cuenta de las implicaciones de vivir en ese diminuto fragmento, en una esquina de ese inmenso campo; no vemos por nosotros mismos cuán profundamente interesados estamos en ese pequeño fragmento, intentando encontrar una respuesta a los muchos problemas que tenemos dentro de este fragmento, dentro de esa esquina del inmenso campo de la vida. Por consiguiente, nos preguntamos: ¿cómo la mente, que ahora está medio dormida debido a que sólo se interesa por ese pequeño fragmento, puede estar plenamente atenta a todo el campo, ser completamente sensible?

No hay ningún método, porque cualquier método, sistema, repetición o hábito, es en esencia parte de esa esquina de todo el campo. Lo primero es ver el hecho real de esa pequeña esquina y las necesidades que genera, y a partir de ahí, podremos preguntar qué debemos hacer para que todo el campo sea completamente sensible, porque esa es la auténtica base de la verdadera revolución. Cuando toda la mente sea completamente sensible, entonces actuaremos de forma diferente, nuestro pensar y nuestro sentir tendrán una dimensión del todo diferente, por eso no hay ningún método, no pregunten: «¿Cómo puedo ser, cómo lograré, cómo llegaré a ser sensible?» No pueden ir a la universidad a aprender a ser sensibles; no lo lograrán leyendo libros y no esperen que nadie les diga qué deben hacer para ser sensibles, sin embargo, eso es exactamente lo que están haciendo en esa esquina del campo, por eso cada vez son más y más insensibles. Pueden observarlo en su propia vida, esa vida tan indiferente, cruel y violenta, son insensibles porque funcionan, viven, actúan, en esa pequeña, en esa diminuta parte de ese campo distorsionado.

Por favor, sean conscientes de que no hay ningún método; si se dan cuenta de esto, estarán libres de la enorme carga de cualquier autoridad y, por tanto, libres del pasado. El pasado forma parte de nuestra cultura, que consideramos como algo muy valioso, con su tradición, sus creencias, sus recuerdos; todo esto queda descartado para siempre cuando somos conscientes de que no hay ningún método que pueda generar libertad en esa "pequeña esquina", tenemos que aprender todo el contenido de esa diminuta esquina, y entonces estaremos libres de esa carga que nos hace insensibles.

Ahora bien, como no hay ningún método, ¿qué haremos? Un método implica practicar, depender, su método o mi método, el camino de una persona o el camino de otra persona. Nuestro problema es que no conocemos la profundidad e inmensidad de la mente; podemos leer mucho sobre esto, podemos leer psicología moderna o a los antiguos maestros que hablan de esto, pero no se fíen de ellos, porque cada uno de nosotros debemos descubrirlo por nosotros mismos y no de acuerdo con lo que dice otra persona. No conocemos la mente y de nada sirve tener algún concepto, tener alguna idea, alguna opinión o alguna información, uno debe estar libre de cualquier suposición y de cualquier teología.

Así pues, una vez más, ¿qué hará uno? Todo lo que uno puede hacer es observar, es observar esa esquina, esa pequeña casa que he edificado en ese rincón del amplio, del inconmensurable campo de la vida, y como consecuencia de vivir ahí, forcejeo, peleo, intento "mejorar", ya saben todo lo que sucede, ¡obsérvenlo!

Por eso es muy importante comprender lo que significa observar, porque en el momento que hay conflicto uno forma parte de esa esquina solitaria; sin embargo, si observamos, el conflicto desaparece, y esa es la razón por la cual uno tiene que aprender desde el inicio a observar, no desde el inicio, sino ahora, no mañana, porque no hay mañana, sólo la búsqueda de placer es la que inventa el "mañana", pues, en realidad, el mañana psicológico no existe, el cerebro y la mente inventan el tiempo.

¿Qué puede hacer uno para observar? No es posible observar si uno no es sensible, y no somos sensibles si tenemos una imagen de la cosa que observamos. Observar es un acto del amor, ¿saben lo que hace que la mente sea del todo sensible? Sólo el amor lo consigue. Uno puede aprender una técnica y, a la vez, amar, pero si tiene una técnica y no ama, destruirá el mundo; si se observan a sí mismos, si investigan sus propias mentes y corazones, lo verán por sí mismos. Ver, observar y escuchar son las acciones más grandes, pero si miran desde su pequeña esquina, no verán lo que está sucediendo en el mundo: la desesperación que hay, la ansiedad, la agonía de la soledad, las lágrimas de las madres, de las esposas, de los que se aman, de toda la gente que han matado; tienen que ver esto, no de forma emocional o sentimental, no diciendo: «Estoy en contra de la guerra» o «estoy a favor de la guerra», porque la emotividad y el sentimentalismo son las cosas más destructivas que hay, eluden los hechos y, por consiguiente, eluden "lo que es".

Por tanto, observar es lo más importante, ver es comprender, pero uno no puede comprender a través de la mente, a través del intelecto, a través de un fragmento; comprender tan sólo es posible cuando la mente está en completo silencio, lo cual significa cuando no hay ninguna imagen.

El ver destruye todas las barreras, pero mientras exista una separación entre uno y el árbol, entre usted y yo, entre mi vecino y yo, y el vecino puede estar a miles de kilómetros o en la puerta de al lado, siempre habrá conflicto, porque separación significa conflicto, ese es un hecho muy simple; no obstante, nosotros vivimos en conflicto, nos hemos acostumbrado al conflicto y a la separación. La India se ve a sí misma como una unidad geográfica, política, económica, social, cultural, y lo mismo sucede con Europa, con Estados Unidos o con Rusia, son unidades separadas, cada una en contra de la otra, y toda esa separación forzosamente engendra guerras. Eso no quiere decir que todos debamos estar de acuerdo, o que si estamos en desacuerdo empiece una batalla en contra, no se trata de estar de acuerdo o en desacuerdo, sino de ver las cosas como son; únicamente cuando tenemos opiniones de lo que vemos surgen los desacuerdos, y eso es división.

Al mirar un árbol, si realmente lo veo, no hay ninguna división entre el árbol y yo, no hay un observador que esté viendo el árbol; observe un árbol, una flor, el rostro de una persona, mire cada una de las cosas y verá que el espacio entre usted y las cosas no existe, pero sólo puede mirar de esa manera si ama, esa palabra que ha sido tan manoseada. Cuando al observar tiene esa profunda sensación de realmente ver, entonces ese ver genera una extraordinaria eliminación del tiempo y el espacio, lo cual sucede cuando hay amor. Uno no puede amar si no descubre la belleza, puede hablar, diseñar, escribir sobre la belleza, pero si no tiene amor, no hay belleza, sin amor no puede haber completa sensibilidad, y como consecuencia de que no somos totalmente sensibles estamos degenerando, degeneramos porque no somos sensibles a todo el proceso de la vida.

Nuestro principal problema, entonces, no es cómo detener todas las guerras, qué "Dios" es el mejor, qué sistema político o económico es preferible, ni cuál es el mejor partido al que hay que votar, el principal problema del ser humano, esté en América, en la India, en Rusia, o en cualquier otro lugar, es la posibilidad de liberarse de esta "pequeña esquina"; y esa diminuta esquina es uno mismo, ese pequeño rincón es la mente tan pequeña y mezquina de uno. Nosotros hemos creado esta pequeña esquina porque nuestra mente está fragmentada y, por tanto, es incapaz de ser sensible a la totalidad, queremos que esa pequeña parte esté segura, en paz, tranquila, satisfecha, que sea placentera, por eso evitamos cualquier dolor porque, básicamente, buscamos placer. Si examina el placer, su propio placer, si lo observa, si lo mira y lo investiga, se dará cuenta de que donde hay placer tiene que haber dolor, no puede tener uno sin el otro, y como nosotros siempre deseamos más placer, en consecuencia, estamos invitando a más dolor; sobre esta base hemos edificado nuestra pequeña esquina, a la cual llamamos la vida humana. Verlo es estar en contacto profundo con ello, y no puede tener ese profundo, ese verdadero contacto, si depende de conceptos, de creencias, de dogmas u opiniones.

De manera que lo importante es ver y escuchar, escuchar a los pájaros, la voz de la esposa, por muy irritable, hermosa o fea que sea, escucharla y escuchar la propia voz de uno, por muy bella, horrible o impaciente que sea. Entonces, como consecuencia de ese escuchar descubrirá que termina toda separación entre el observador y lo observado; por consiguiente, el conflicto cesa y puede observar con tanto cuidado que ese mismo observar es disciplina, no una disciplina impuesta. Si realmente lo capta, eso es belleza, esa es la belleza del ver, y si puede observar de ese modo, no tiene que hacer nada más, porque ese observar contiene toda la disciplina y toda la virtud, lo cual es atención.

En ese ver está la totalidad de la belleza, y si hay belleza, hay amor. Si ese amor está presente, no tiene que hacer nada más; en ese momento, donde uno se encuentre, ahí están los cielos y toda búsqueda ha terminado.

Charla pública en Chennai, la India
3 de enero de 1968

15. UNA VIDA SIN SOMBRA DE CONTROL

¿Qué lugar ocupa la meditación en la vida diaria o la meditación es algo separado de la vida cotidiana? ¿Se trata sólo de la idea de que debemos meditar, de que debemos hacer esto o aquello? ¿Llegamos a una conclusión e introducimos ese concepto en nuestra vida diaria, o intentamos descubrir qué relación tiene la acción con ese darse cuenta total de la consciencia?

¿Por qué debemos meditar? Nuestra vida cotidiana es muy infeliz, muy mezquina, hay conflicto, desdicha, sufrimiento, nos engañan, etc., así es nuestra vida, pero ¿por qué queremos incluir la meditación en todo esto, o comprender el significado, la estructura, las reacciones del conflicto, del sufrimiento, de la arrogancia, del orgullo, etc., es parte de la meditación?

No se trata de meditar y luego llevarlo a la acción, llevarlo a la vida diaria, sino más bien, durante la vida cotidiana cuando vaya a la oficina, cuando esté trabajando en una fábrica, arando un campo, hablando con su esposa, con su esposo, con su muchacha o su muchacho, observar las propias reacciones. El investigar y comprender esas reacciones, por qué es celoso, por qué tiene ese estado de ansiedad, por qué acepta la autoridad, por qué depende de otro, esa investigación en sí misma es meditación, no es al revés, no es una comprensión intelectual. Si medita y, entonces, lleva eso que cree que es meditación a la vida diaria se genera un conflicto; no obstante, usted cree que debe hacerlo y lo lleva a la vida diaria, lo convierte en acción, generando así contradicción. Sin embargo, si uno es envidioso, como lo somos la mayoría, y ve la naturaleza de la envidia, por qué es envidioso, no sólo decir qué es correcto o equivocado, qué debería o no debería ser así, sino que investiga por qué surge esa envidia y se libera de ella, eso es el movimiento de la meditación, ahí no hay conflicto, está investigando constantemente, lo cual requiere atención, requiere que uno sea serio, no jugar sólo con palabras.

Así pues, la meditación tiene un lugar en la vida diaria cuando se investiga toda la naturaleza y la estructura del propio ser: las reacciones de uno, el estado de la propia consciencia, por qué uno cree o no cree, por qué uno acepta las influencias de las instituciones, etc., todo esto es el verdadero movimiento de la meditación. Si realmente lo hace, no de forma teórica, sino hacerlo, entonces empezará a comprender la naturaleza de la consciencia, no dependerá de algo que dijo Freud, algún psicólogo o algún gurú, estará investigando todo su ser, ese ser que es su propia consciencia.

Me pregunto si han investigado el movimiento completo del pensamiento, toda la actividad del pensar, y si el pensamiento, el pensar, puede ver su propio movimiento. Por favor, eso es muy importante si quieren investigarlo; si son verdaderamente serios, es fundamental comprender primero esa cuestión. Puede que diga: «Estoy observando mi consciencia a través de mis creencias, de mis miedos, de mis placeres, de mi sufrimiento»; puede que me dé cuenta del contenido de mi consciencia diciendo: «Sí, tengo miedo, soy codicioso, sufro, soy arrogante, orgulloso, etc.», puede que esté observando el contenido de mi consciencia, puede que esté haciéndolo, pero soy "yo" diferente de mi consciencia.

Es decir, "yo" estoy observando mi consciencia, pero ese "yo" es la codicia, ese "yo" es la ansiedad, ese "yo" es el miedo, ese "yo" es el que está ansioso, inseguro, sufre, lo cual es mi consciencia, "yo" no soy diferente de mi consciencia, no soy diferente de lo que pienso, no soy diferente de las experiencias que he tenido, no soy algo diferente o estoy totalmente separado de mi ansiedad, de mis miedos, etc., "yo" soy eso, puedo pensar que soy Dios, pero ese pensar es parte de mí, de ese mí que inventa a Dios.

Así pues, si el observador es lo observado, siendo lo observado la consciencia, la siguiente pregunta es: ¿puede la consciencia darse cuenta de su propio movimiento? Para expresarlo de forma simple, ¿es posible darse cuenta cuando surge el enojo, y no que haya un "yo" que esté separado del enojo? Vamos a investigarlo. Uno está enojado, en ese momento de enojo uno no reconoce que está enojado, ¿se han dado cuenta de esto? En ese instante, en ese momento de enojo intenso, sólo existe ese estado, un minuto más tarde digo que he estado "enojado", lo cual significa que reconozco algo del pasado, que ha sucedido en el pasado, y a continuación digo: «eso es enojo». Sin embargo, en el momento de estar enojado no había reconocimiento, no nombraba esa reacción, empiezo a nombrarla un minuto más tarde, pero el nombrar viene del pasado, el nombrar es reconocer algo del pasado en forma de una reacción presente. Ahora bien, ¿es posible no nombrar esa reacción presente y sólo observarla sin nombrar? En el momento en que la nombro la reconozco y, por tanto, eso refuerza la reacción. Todo esto es muy interesante.

O sea, la palabra no es la cosa, la palabra "carpa" no es el hecho real, pero nosotros nos movemos con la palabra y no con los hechos, por eso es tan importante comprender, ver el hecho de que la palabra no es la cosa. Cuando surge el enojo, siendo el enojo una reacción, debemos observar sin nombrarlo, entonces esa reacción se desvanece, pero si la nombra la refuerza, y ese reforzar viene del pasado.

Si eso está claro, podemos avanzar al siguiente punto. ¿Es posible que los sentidos por sí mismos estén alertas, no que "uno" esté alerta de los sentidos, sino que los sentidos en sí mismos estén despiertos? Detenidamente, observen en sí mismos las reacciones de los sentidos, nuestros sentidos ahora funcionan por separado, el ver, el tacto, el oír, el oler, etc., lo hacen por separado, pero ¿existe un único movimiento de todos los sentidos funcionando juntos? Es realmente fascinante descubrirlo, porque entonces observarán a una persona, el movimiento del agua del mar, las montañas, los pájaros, a un amigo o al ser más querido, con todos los sentidos, no habrá un centro desde el cual esté observando.

Por favor, háganlo, pruébenlo, no acepten nada, pruébenlo por sí mismos. Si huele algo agradable, un perfume en el frescor de la mañana cuando el aire es limpio, lavado por la lluvia y con la belleza de la tierra, ¿está sólo ese sentido despierto o está observando completamente esa belleza y delicadeza de la mañana con todos los sentidos?

Deben comprender las respuestas de los sentidos, si estas respuestas están separadas o todos los sentidos responden al unísono, si sólo responde uno de los sentidos en particular, surge una sensación y... ¿qué sucede? Cuando sólo reaccionamos a un perfume que olemos con el olfato, el resto de los sentidos están más o menos dormidos; hagan la prueba y lo verán. Si huelen una flor, estoy preguntando, ¿hay una respuesta completa de todos los sentidos, no tan sólo del olfato, sino de todo el organismo que responde con sus sentidos?

Cuando escuchan un ruido, ¿responden de forma completa, de manera que no exista ninguna resistencia ni enojo hacia ese ruido y permanecen por completo con ese ruido? ¿Pueden mirar una montaña, esa montaña que ven cada mañana y cada atardecer, no sólo con los ojos ópticos, sino percibirla con todos los sentidos? Si lo hacen, no hay ningún centro desde el cual estén mirando, pruébenlo, miren con todo su ser, con todos los sentidos, entonces verán que están mirando algo como si fuera por primera vez, no con la memoria y los ojos repetitivos.

Así que la siguiente pregunta es: ¿puede el pensamiento darse cuenta de sí mismo? En este momento están pensando, ¿verdad? Cuando les planteo una pregunta empieza todo el movimiento del pensar, ¿no es cierto? Es algo obvio, pero lo que ahora estoy preguntando es si... ¿el mismo pensar puede verse a sí mismo pensando? Creo que no es posible.

Es decir, estoy preguntando si es posible vivir la vida sin un solo conflicto, sin un solo esfuerzo, sin ningún control. Nosotros vivimos a base de esfuerzos, de luchas, siempre está el movimiento del lograr, vivimos en perpetua lucha, batalla, contradicción: «debo hacer esto, debo hacer aquello, debo controlarme, por qué no debería controlarme, esto es anticuado, voy a hacer lo que quiera», todo esto es una expresión de la violencia. Por eso estamos preguntando si es posible vivir sin la más mínima sombra de control, lo cual no significa hacer todo lo que uno quiere, eso es demasiado infantil, porque no es posible hacer todo lo que uno quiere. Y si hay control, aparecerá el conflicto, habrá una constante batalla que se expresará de diferentes maneras, en diferentes formas de violencia, represión, neurosis y permisividad.

De modo que estoy preguntándome a mí mismo, y a usted, si es posible vivir la vida diaria sin ninguna sombra de control. Para vivir de esa manera tengo que descubrir quién es el controlador, o sea, ¿es el controlador diferente de lo controlado? Si ambos son la misma cosa, entonces no hay ninguna necesidad de controlar.

Si estoy celoso porque usted tiene de todo y yo no tengo nada, de estos celos surge el enojo, el odio, la envidia, cierta violencia, quiero tener todo lo que usted tiene, y si no lo consigo siento amargura y todo lo que le acompaña; por tanto, ¿puede vivir sin celos, lo cual significa sin comparar? Haga la prueba, ¿puede vivir la vida diaria sin ninguna comparación? Por supuesto, debe comparar cuando elige una ropa, no estoy hablando de eso, estoy diciendo no tener ninguna medida psicológica, lo cual es comparación. Ahora bien, si no tiene ninguna medida, ¿se deteriorará, se convertirá en un vegetal, en nada, se estancará?

Debido a que compara, debido a que lucha, cree que está viviendo, pero si no hace eso puede que exista una forma de vivir completamente distinta.

Diálogo público en Saanen, Suiza
28 de julio de 1978

16. ¿EXISTE ALGO QUE SEA SAGRADO?

El arte de vivir es tener libertad completa, no la libertad de elegir, no la libertad de hacer lo que uno quiere o lo que le gusta, esa libertad está limitada por el medio, por la sociedad, por las religiones, por las doctrinas, etc. La libertad es algo totalmente diferente, no es libertad de algo, sino libertad *per se*, y cuando existe esta libertad surge una forma suprema de vivir sin ningún conflicto, sin ningún problema. Cuando el cerebro está plenamente activo aflora la más elevada forma de inteligencia, no un cerebro activo en una dirección concreta, sea científica, en los negocios, o con los problemas de la vida diaria; cuando existe esa libertad hay una enorme, tremenda energía.

La palabra "libertad" etimológicamente significa amor. Libertad implica investigar el problema de la relación, porque en la relación, ya sea íntima o con el vecino a miles de kilómetros de distancia, mientras haya una imagen de la persona con quien estamos relacionados o él tenga una imagen de uno, habrá conflicto.

[...] Toda esa idea de la libertad como elección, movimiento, estatus, posición, logro, éxito, tan sólo es una parte muy pequeña de la libertad; puede que la libertad más destructiva sea aquella de que cada uno haga lo que quiera, cosa que está sucediendo en todo el mundo, porque, como vemos, genera enorme caos.

Durante generaciones hemos vivido en conflicto, no sólo en nuestras relaciones, sino con la sociedad, con otras naciones. El nacionalismo es un culto tribal y es una de las causas de tanta desesperación, guerras, divisiones: el judío, el árabe, el hindú, el musulmán, el comunista, el socialista, y la llamada democracia, por eso en el mundo hay constante conflicto, esa es la sociedad que el ser humano ha establecido.

La sociedad no es algo que haya surgido del aire, la sociedad en la cual vivimos es un producto de cada uno de los seres humanos, y en esa sociedad inmoral hay una enorme injusticia, uno se pregunta si realmente hay justicia. La sociedad es tal como nosotros la hemos creado, y estamos atrapados en lo que nosotros mismos hemos creado; por tanto, a menos que haya una verdadera mutación, un cambio, una revolución psicológica fundamental, no una revolución física que no conduce a la humanidad a ningún lugar, la sociedad seguirá siendo lo que es ahora. Cambiar implica tiempo, cambiar esto por aquello, cambiar la violencia por la no violencia, ese cambiar la violencia supone un largo tiempo, pero ¿cambiará el tiempo a la humanidad? Esa es una pregunta básica, fundamental. El tiempo, que es la evolución de la humanidad durante cincuenta mil años o más, ¿ha cambiado a la humanidad durante este largo período? Es obvio que no, seguimos siendo gente primitiva, seguimos peleando unos contra otros en guerras interminables, estamos siempre en conflicto; en lo psicológico hemos cambiado muy poco; tal vez, en lo técnico hemos avanzado enormemente en la bomba atómica, en las telecomunicaciones, en este gran desarrollo de las máquinas, de las computadoras, etc., pero internamente, en lo profundo, seguimos siendo igual que fuimos hace diez mil años o más, el tiempo no ha cambiado al ser humano.

¿Por qué la gente tiene miedo de la muerte? A medida que nos hacemos mayores, no importa si somos muy religiosos, supersticiosos o practicamos algún culto, debemos empezar a investigar qué es la muerte, y por qué la separamos del vivir, por qué la posponemos, la alejamos lo máximo posible, ¿por qué los seres humanos hacen esto?, ¿es el miedo a perder lo conocido y entrar en lo desconocido?

¿Es posible vivir con la muerte? Por favor, no respondan, primero tienen que comprender lo que es el vivir. Tal como lo conocemos ahora, el vivir es un constante esfuerzo con ocasionales momentos de placer, de satisfacción, y si uno tiene dinero está, más o menos, seguro, pero siempre sigue presente la amenaza de la inseguridad.

Todo lo que conocemos es ir cada día desde las nueve hasta las cinco de la tarde a la oficina, luchar, competir, pelear, odiar, amar –a lo cual llamamos placer–, eso es lo único que conocemos y estamos temerosos de perderlo. La muerte significa terminar con todo esto, no sólo con la muerte del organismo, sino también con todos los apegos, todos los conocimientos, las experiencias.

De modo que, ¿puede uno vivir con la vida y la muerte conjuntamente, no separadas? Lo cual significa: ¿puede uno vivir con la muerte de forma que no haya ningún apego? De todas maneras, la muerte terminará con todos nuestros apegos: con la familia, con los conocimientos, con los logros, con la fama, con todas estas tonterías, entonces: ¿podemos vivir nuestra vida diaria, la vida, vivirla con la muerte, lo cual significa estar libre de apegos, de competir, de llegar a ser psicológicamente de tal manera que no haya ningún intervalo entre el vivir y el morir? De ser así, tendrá enorme libertad y energía, no para hacer más fechorías, no para ganar más dinero o para ser más famoso, lo cual es tan infantil (discúlpenme por decir esto). Cuando uno vive con algo que tiene un significado tremendo, eso es libertad.

Desde los tiempos más remotos la humanidad ha buscado algo que esté más allá de esa existencia cotidiana con toda su monotonía, con su rutina, con sus hábitos mecánicos, tanto físicos como internos; el hombre ha dicho que debe haber algo más allá de todo esto, de modo que ha inventado a Dios, el pensamiento ha inventado a

Dios, pero si no hay ningún miedo psicológico, ninguno, ninguna sombra ni ningún aliento de miedo, ¿necesitamos tener un Dios?

El hombre ha buscado a Dios, y el sacerdote le ha dicho: «Nosotros lo traduciremos y lo organizaremos para ti, porque eres un ignorante y nosotros somos doctos»; el proceso para hacerlo es ponerse vestiduras de disfraces a fin de impresionar y así crear un gran *show*. Los antiguos egipcios y más tarde los sumerios, siete u ocho mil años después, ya tenían el cielo y el infierno, decían que uno debía creer, de lo contrario iría al infierno, en consecuencia, perseguían, torturaban y mataban. Los cristianos han hecho lo mismo, uno debe creer en Jesús, de lo contrario es un hereje; en el mundo cristiano la duda no está permitida, si uno duda, entonces todo se viene abajo. Sin embargo, en el mundo asiático, especialmente en la India, una de las enseñanzas es la necesidad de que uno dude, uno debe dudar no sólo de su gurú, sino también de sí mismo, tener un diálogo, nunca aceptar, no existe ninguna otra autoridad excepto la autoridad de la "verdad", y no la verdad inventada por los libros o por los sacerdotes.

¿Qué es religión? Si uno descarta todas las tonterías, todas las supersticiones, todas las creencias organizadas como religiones modernas, y si uno no es hindú, budista o cristiano, eso no quiere decir ser ateo, significa que uno investiga, cuestiona, pregunta, discute, avanza, empuja, crece.

Ahora bien, ¿existe algo que sea sagrado, existe algo que sea eterno, que esté más allá del tiempo, existe algo que el pensamiento bajo ninguna forma pueda tocar? El pensamiento, "uno", no puede descubrirlo. La meditación no es sólo repetir palabras, esas cosas son demasiado inmaduras, la meditación es algo extraordinario, la meditación es comprender toda la vida, tanto la externa como la interna, comprenderlo todo: la relación, liberarse uno mismo del miedo, cuestionar qué es el ego, el "yo"; ¿es el "yo" un simple manojo de recuerdos y, por tanto, no es algo real? Por favor, investíguelo, porque es parte de la meditación.

La palabra "meditación", tanto en sánscrito como en el significado ordinario del diccionario, quiere decir liberar a la mente de toda medida, es decir, de todo llegar a ser, "soy esto y quiero ser aquello", eso es medida. La medida es necesaria en el mundo de la tecnología, sin la medida no es posible construir una dinamo, la bomba atómica, un automóvil, pero ¿es posible estar psicológica, internamente, libre de toda comparación, lo cual es medida? ¿Podemos estar libres del miedo, de todas las heridas que hemos recibido desde la infancia, de las heridas psicológicas que uno guarda como un tesoro, las cuales distorsionan nuestras vidas, podemos estar libres del sufrimiento, del dolor de la soledad, de la depresión, de la ansiedad? ¿Puede uno estar libre del ego, del "yo", no al final de la vida, sino desde el principio, desde este mismo momento en que uno escucha esto, y vivir así la vida?

Meditación significa una actividad extraordinaria en el cerebro, no silenciar el cerebro, y cuando el cerebro tiene la más alta cualidad de energía hay silencio, no el silencio creado por el pensamiento, el cual es un silencio muy limitado; pero ese otro silencio sólo puede darse cuando hay libertad, amor y compasión que tienen su propia inteligencia, esa inteligencia que es suprema. Sin embargo, no puede haber amor y compasión si uno está apegado a una religión, a una creencia o a algo, debe haber libertad completa, y en esa libertad hay una enorme energía porque hay un vacío, no nada, sino un inmenso vacío, y ahí está aquello que yace más allá del tiempo.

Esto es meditación, esto es religión.

Charla pública en Nueva York, Estados Unidos
15 de abril de 1984

17. AQUELLO QUE ES ETERNO

¿Qué buscamos realmente? Creo que es muy importante investigarlo, porque todos decimos que buscamos la verdad, el amor, etc., pero... ¿cómo es posible buscar la verdad si la mente no tiene orden? Orden es poner todas las cosas en su lugar, en su justo lugar. Cuando la mente no tiene claridad, cuando está confundida, insegura, buscando, queriendo seguridad, queriendo esto o aquello, ese mismo deseo, esa misma incertidumbre crea, sin lugar a dudas, ilusión o una falsa ilusión a la cual nos aferramos.

De modo que debemos investigar, con mucha cautela, qué es eso que los seres humanos, usted y yo, estamos buscando, ¿buscamos ser felices? Debido a que somos infelices, miserables, tenemos conflictos, inseguridades, neurosis, decimos: «Por favor, dígame cómo vivir una vida en la cual haya felicidad», pero ¿es la felicidad lo opuesto a la infelicidad? Si uno es infeliz, miserable, vive con dolor, con ansiedad y sufrimiento, desea lo opuesto de esto, quiere claridad, cierta libertad, felicidad, orden, ¿es eso lo que estamos buscando? Por favor, escuchen con atención. ¿Es lo opuesto algo diferente de su propio opuesto, o lo opuesto tiene sus raíces en su propio opuesto? Eso que deseamos surge de lo que está sucediendo ahora, por eso lo opuesto tiene sus raíces en lo que "ahora" acontece; por consiguiente, el opuesto no tiene ningún valor, lo que tiene valor es "lo que es". Sin embargo, nosotros no queremos afrontar "lo que es", de ahí que inventemos el opuesto, pero si uno sabe qué hacer con lo que está sucediendo ahora, no necesita ningún opuesto. De manera que lo más importante es comprender "lo que es" y no perseguir algo que "debería ser", el opuesto de "lo que es".

¿Por qué somos infelices, miserables, violentos y peleamos, por qué somos así? Eso es exactamente "lo que es", y si sabemos transformar "lo que es", entonces solucionamos todo el problema, no tenemos que seguir a nadie, uno es una luz para sí mismo. Ahora bien, ¿es posible solucionar "lo que es" sin malgastar la energía en batallar para conseguir el opuesto? Sólo es posible hacerlo si tengo toda la energía, si no la malgasto en conflictos. Cuando me siento infeliz tengo una sensación de ansiedad, pero esto es "lo que es", escaparse es malgastar energía, y para comprender "lo que es" debo emplear toda la energía que tengo, sólo entonces puedo ir más allá de "lo que es".

El orden es necesario en la vida, como decíamos, orden significa ponerlo todo en su justo lugar, pero nosotros no sabemos cuál es su justo lugar, sólo conocemos el desorden, ahora mismo hay desorden: las guerras. ¿No tienen ahora desorden interno, desorden en sus vidas diarias? Eso es un hecho, es lo que está sucediendo. Todos queremos orden y creemos que el orden es lo opuesto a eso que está sucediendo, es decir, establecemos un modelo que surge del desorden. Somos desordenados en nuestra conducta, en nuestras actitudes, en nuestra forma de pensar y de ver las cosas, etc., y creemos que el orden es un modelo opuesto a "lo que es", pero en el buscar ese modelo de orden siempre hay conflicto, es un factor que contribuye al desorden, porque si hay conflicto debe haber desorden, sea nacional, político, religioso o en cualquier otra dirección.

De manera que hay desorden, es un hecho; ahora bien, ¿puede uno observar, darse cuenta de este desorden? No intentar cambiarlo, transformarlo, eliminarlo, no decir: «A partir del desorden debo tener orden», sino sólo darse plena cuenta del desorden en la vida de uno. De ser así, verá que el desorden se convierte en orden, lo cual no es el opuesto.

Es absolutamente necesario estar libre de la autoridad para descubrir si existe o no existe una verdad suprema; es necesario estar libre de cualquier creencia, lo que quiere decir del miedo, porque las creencias existen cuando hay miedo, cuando hay desesperación; es necesario el orden, y si existen esas tres cosas, entonces podemos avanzar para descubrir qué es meditación.

¿Qué es meditación? ¿Por qué uno debe meditar?

¿Está la meditación totalmente desvinculada de la vida cotidiana, es la meditación algo que debemos practicar, es la meditación hacer lo que otra persona nos dice, meditar de acuerdo con cierto sistema, una práctica diaria, una meta que finalmente debemos alcanzar? Saben lo que sucede cuando uno práctica algo una y otra vez, se vuelve mecánico, la mente se insensibiliza, se vuelve torpe, es obvio, ¿verdad?

Creemos que la meditación es un proceso en el cual podemos lograr comprensión, la iluminación, algo más allá del pensamiento del hombre, esto es lo que generalmente entendemos por meditación. ¿Practican meditación, practican aprender a controlar el pensamiento? ¿Se han preguntado alguna vez quién es el controlador, quién es ese controlador que quiere controlar el pensamiento? ¿Es el controlador diferente de lo controlado o el controlador es lo controlado? Hacemos una división entre el controlador y lo controlado para que el controlador pueda controlar, para que intente llevar el pensamiento hacia cierta dirección, pero ¿es el pensamiento que divaga diferente de esa entidad que pretende controlar el pensamiento, no son ambos pensamiento?

Meditar es comprender el lugar exacto de donde surge el pensamiento, sin ningún control; ¿han intentado en alguna ocasión vivir la vida diaria sin ningún tipo de control? Cuando investigan esta cuestión de la meditación tienen que comprender por qué el hombre ha desarrollado esta necesidad de controlarlo todo, controlar sus pensamientos, sus deseos, sus búsquedas, ¿por qué lo hace? Una parte del control es concentración, y ya saben lo que sucede cuando nos concentramos, edificamos un muro de resistencia dentro del cual decimos: «Debo concentrarme en esto», por tanto, dejamos el resto de cosas a un lado, y eso es ejercitar la voluntad para mantenerse en una dirección concreta, pero la voluntad es la expresión, la esencia del deseo, por eso en la concentración siempre hay conflicto, el pensamiento divaga por cualquier lugar y uno tiene que retenerlo, jugando ese juego que nunca termina.

Se han preguntado alguna vez por qué necesitamos controlar el pensamiento. La mente parlotea sin cesar, pero si uno tiene una percepción profunda, si uno se da cuenta de dónde surge el pensamiento, entonces no hay ninguna necesidad de controlar el pensamiento.

Como no hay ningún sistema, ninguna práctica, ningún control del pensamiento, uno debe descubrir lo que significa estar atento, ¿qué significa prestar atención? Atención es observar sin un centro, siendo el centro el "yo", mi deseo, mi realización, mi ansiedad; y si está atento, lo cual significa poner sus nervios, sus ojos, sus oídos, poner todo lo que tiene con toda la energía, en esa atención no hay un centro como "yo".

Así pues, experimenten lo que estamos diciendo, ¿están ahora prestando atención? Es decir, ¿están escuchando totalmente? ¡Escuchar! Eso significa no interpretar, no traducir, no intentar entender lo que estamos diciendo, sino el acto de escuchar totalmente; si lo hacen, sólo existe la sensación de escuchar sin ningún movimiento del pensamiento.

No puede aprender a escuchar en una escuela, no puede ir al instituto o a la universidad para aprender a ser sensible, ¿no es cierto? Tiene que descubrir en la vida diaria si es sensible o no, simplemente observando, viendo cuáles son sus reacciones hacia las personas, por eso la atención es necesaria, es una parte de la meditación.

La meditación también implica una mente que está en completo silencio, no esforzándose para estar en silencio, porque en eso hay conflicto. La mente parlotea, piensa, escucha, está activa, pero verá por sí mismo que si la mente permanece en completo silencio, podrá realmente observar; si quiere mirar una montaña con sus sombras, con su luz, con su belleza y su profundidad, debe observar de forma "total", pero si su mente divaga eso generará inatención. Sin embargo, si quiere ver algo total, completamente, entonces la mente estará de forma natural en silencio, ¿no es cierto? De modo que si la mente está investigando algo que el pensamiento no ha creado, debe prestar atención completa y, en consecuencia, estar en completo silencio, en quietud.

La mayoría de nosotros encontramos esto muy difícil porque físicamente nunca estamos quietos, siempre estamos haciendo algo con las manos, con los pies, con los ojos, siempre está sucediendo algo, nunca nos damos cuenta de nuestro propio cuerpo, pero si lo observamos, descubriremos que el cuerpo tiene su propia inteligencia, no basada en el gusto, en la lengua, ni impuesta por el deseo artificial del tabaco, el alcohol o las drogas. Una mente que investiga la realidad, la verdad, tiene que estar libre de cualquier autoridad, de cualquier creencia, lo cual significa, ¡en completo orden! Pero una mente que siempre está parloteando, analizando, inquiriendo, malgasta su energía; por el contrario, una mente que está en completo silencio se regenera a sí misma.

Como decíamos, la meditación es tener una mente en completo silencio, y sólo puede estarlo cuando el silencio es natural, no un silencio cultivado ni un silencio, basado en la práctica, porque si uno practica el silencio está muerto, nunca permanecerá en silencio; el silencio tiene que surgir, y la mente no puede estar en silencio si no hay compasión, de modo que debemos investigar toda la cuestión de lo que es el amor. ¿Es el amor placer, es deseo, puede una persona ambiciosa amar, puede un hombre agresivo amar, puede un hombre o una mujer amar si él o ella es egoísta, o el amor existe cuando no está el "yo"? Si "yo" estoy con todos mis problemas, con mis ambiciones, con mi codicia, con mi envidia, con mis deseos de realización, de llegar a ser algo, de imaginar que soy un gran hombre y sólo estoy interesado en mí mismo, no es posible amar; amar significa compasión sin límites.

De esa compasión surge en la mente un silencio completo, porque la mente ha puesto cada cosa en su justo lugar, cada cosa donde debe estar, de manera que se establece una relación correcta entre hombre y mujer, una relación que no está basada en imágenes, en recuerdos, en heridas, a partir de ahí hay completa atención y silencio.

¿Qué es ese silencio? ¿Qué sucede en ese silencio, puede expresarse en palabras? El silencio no es un intervalo entre ruidos, el silencio cuando no hay ruidos no es silencio, es lo mismo que la paz entre dos guerras, eso no es paz. Supongamos que tienen esa exquisita, esa extraordinaria sensación de la belleza del silencio, ¿qué sucede cuando esa mente está en completo y total silencio? No hay ningún movimiento del pensamiento como medida.

Ahora voy a decir algo que, tal vez, no les guste lo más mínimo porque todos ustedes son gente respetable. Cuando adviene ese silencio hay espacio y nada más, hay espacio y, exactamente, nada más; observen por qué es tan importante, por qué es importante no ser nada, ¿comprenden lo que estoy diciendo? Todos son alguien, todos quieren ser algo, ya sea profesionalmente o teniendo delirios de grandeza, quieren lograr algo o ser algo, conseguir algo, realizarse, lo cual es muy respetable, pero nosotros estamos diciendo que en el silencio total no hay nada, uno no es nada, si uno es algo, entonces eso no es silencio, es ruido, y cuando hay ruido uno no puede escuchar ni ver. Sin embargo, cuando no hay nada existe completa estabilidad, sólo cuando la mente no es nada hay completa seguridad y equilibrio.

Únicamente en ese momento la mente puede descubrir si existe o no existe algo indescriptible, algo que está más allá del tiempo. Es necesario que uno viva la vida diaria de relación con otro sin conflicto porque relación es vida; si no sabe cómo tener una relación con otro sin conflicto, entonces la vida se convierte en confusión, en fealdad, en dolor y en algo ilusorio.

Todo esto es meditación, y únicamente en ese momento es posible dar con aquello que es eterno.

Charla pública en Ojai, California
20 de abril de 1975

FUNDACIONES

El legado que Jiddu Krishnamurti dejó en sus *enseñanzas* forma parte de la responsabilidad de las Fundaciones creadas como iguales por él, con el propósito de preservar la integridad de lo que él expresó durante muchos años y en diferentes lugares del mundo.

Las siguientes Fundaciones creadas por Krishnamurti son las únicas instituciones responsables de la preservación y difusión de sus enseñanzas:

Krishnamurti Foundation Trust - KFT
www.kfoundation.org – kft@brockwood.org.uk

Krishnamurti Foundation of America - KFA
www.kfa.org – kfa@kfa.org

Krishnamurti Foundation India - KFI
www.kfionline.org – kfihq@md2.vsnl.net.in

Fundación Krishnamurti Latinoamericana - FKL
www.fkla.org – fkl@fkla.org

Para la consulta y lectura de charlas y diálogos de Krishnamurti pueden hacerlo adquiriendo la nueva versión del CD-ROM, o de forma gratuita en la nueva web www.jkrishnamurti.com, proyecto común de las cuatro Fundaciones.

Estas Fundaciones se responsabilizan y garantizan la autenticidad e integridad de los contenidos de todas las publicaciones realizadas por ellas, libros, vídeos, casetes, DVD, etcétera. Para cualquier duda o consulta rogamos contacten con cualquiera de estas Fundaciones.